Festliches GEBÄCK

Hans Joachim Döbbelin

Festliches GEBÄCK

Mit 47 Rezepten,
exklusiv fotografiert
für dieses Buch von
Hans Joachim Döbbelin

SIGLOCH EDITION

INHALT

ZARTES GEBÄCK: SÜSSES ZEICHEN DER ZUNEIGUNG

Adventszeit ist Backzeit für feine Plätzchen, für zartes Gebäck. Durch alle Zimmer zieht der Duft von Zimt, Nelken und Piment, ein Hauch von Rum in der Küche macht uns neugierig. Wir denken an die Kinderzeit, ans Teigstibitzen, ans ungelenke Formen der ersten Butter-S.

Backzeit ist Zeit für gemeinsames Tun. Alle sind fröhlich und guter Laune, wir erfreuen uns am Selbermachen, am eigenen Gestalten.

Wir haben uns Zeit genommen, obwohl wir eigentlich keine haben. Zeit zum Kneten, zum Teigausrollen, zum Backen, Glasieren, Dekorieren. Wir haben ja das ganze Jahr hindurch immer viel Wichtigeres zu tun, als Mandeln zu mahlen und Mehl zu sieben. Aber das Wichtigste fällt uns beim Backen einfach so in den Schoß: ein bißchen Glück, ein Backblech voll Freude und Individualität, das Gefühl von Zufriedenheit über das gute Gelingen, über das duftende eigene Produkt, das wir aus dem warmen Backofen ziehen und natürlich sofort probieren.

Das feine Gebäck, das man beim Patissier oder Bäcker kauft, schmeckt zwar trefflich, aber es ist ein Produkt, das sich jeder beschaffen kann. Dagegen ist das, was wir vielleicht sogar selbst erfunden oder nach einem alten Familienrezept geschaffen haben, das Eigene, es enthält viel mehr als nur gute Zutaten, darin ist immer ein Quentchen von uns selbst hineingeknetet und -gebacken.

Wir verspielen unsere kostbare Zeit mit Schneeschlagen, mit dem Schneiden von zuckrigem Zitronat und gewinnen dabei eine Entdeckungsreise in Großmutters Back- und Gewürzparadies. Das ist die Hingabe an Unwichtiges, wie's in der guten alten Zeit die Mütter taten. Wir gewinnen ein neues Gespür für natürliche Zutaten, für das Kernigfeste der Haselnüsse und Mandeln, für den aufsteigenden mandelmilden Duft beim eigenhändigen Mahlen, für die angenehme Würze von Kardamom, für die flüchtigen Aromen von Anis und Fenchel.

Wir entdecken aufs neue die Geschicklichkeit der eigenen Hände beim Formen von Teig, beim spielerischen Umgang mit Spritztütchen und Pinsel.

Backen ist schöpferisches Tun für aktive Menschen, die nicht eben Jahr für Jahr zu bestimmten Zeiten auf das Reizwort Geburtstag, Adventszeit oder Weihnachten nur reagieren und etwas Herkömmliches tun. Aktives Tun inspiriert, belebt Traditionen und entzündet sich immer von neuem beim spielerischen Ausprobieren alter und neuer Rezepte, an der Kennerschaft der Zunge, die immer feinere Unterschiede wahrnimmt.

Das besondere Gebäck entsteht aus Zuneigung für Familie und Freunde, die wir schließlich mit dem duftenden Produkt unserer Phantasie beglücken, denen wir als Zeichen unserer Liebe das kostbarste Gut schenken, über das wir verfügen können: unsere Zeit, eingebacken in Zimtsterne, Bärentatzen, Springerle und Spitzbuben. Die Zuneigung erfindet immer neue Möglichkeiten, Freude und Sympathie spüren zu lassen, erfindet immer neue Spielarten eines alten Themas, weil sie beglücken und überraschen will.

Deshalb wollen diese Rezepte nur Anregungen sein, die jeder auf seine Weise und nach seinem Können variieren mag, wie es ihm Freude macht, bis er sich mit „seinem“ Rezept vollendet ausdrücken kann.

Die Rezepturen stammen aus vielerlei Quellen. All denen, die mich in ihre oft noch handgeschriebenen eigenen Rezeptbücher und die der Mütter und Großmütter schauen ließen, die mir beim Ausprobieren und Backen halfen, danke ich sehr herzlich. Kein Wunder, daß deshalb in einigen Rezepten der Duft der schwäbischen Backstube ruchbar wird. Lassen Sie sich von Bildern, Namen, von fremden und vertrauten Gewürzen verführen zu aktivem Tun, zum Ausprobieren. Erlaubt ist, was Freude macht.

SÜSSER ZAUBER DER ALTEN WELT

Keine Vorstellung vom Paradies kommt ohne das Wort „süß" aus. Auch in den profanen Paradiesen, den Schlaraffenländern, spielt Süßes eine gewichtige Rolle.

Im Psalm 19, Vers 11, heißt es als besonderes Zeichen der Wertschätzung: „Sie sind süßer als Honig und Honigseim." Welch tiefes Wohlgefühl muß uns, oft tief verborgen in der Psyche Grund, Süße vermitteln! Wir empfinden sie wie das Salz als Würze des Lebens. Beide Grundgewürze mögen und schätzen wir Menschen seit Jahrtausenden. Das Süße jedoch schmecken wir schon an der Zungenspitze, das Salzige erst viel weiter hinten.

Und immer liegt bei allen Süßigkeiten, die wir auch für andere zubereiten, der Wertbegriff „gut" greifbar nahe. Im Süddeutschen heißt süßes Gebäck „Guetsle", im französischen „Bonbon" taucht das Wort „gut" sogar gleich als Verdoppelung auf.

Im Gebäck und seinen vielfältigen Formen sind uralte Vorstellungen von Opfergaben und Opfertieren bis heute sichtbar. In Gebäckformen wie Sonne, Mond und Sternen werden die den Gestirnen innewohnenden Kräfte verbildlicht, ihre mythische Bedeutung gewissermaßen in Form gegossen.

Viele dieser Vorstellungen kamen auf den frühen Handelswegen der Alten Welt aus China, Arabien und dem Orient zu uns. Dort lebt ja auch heute noch die reiche Tradition des süßen Gebäcks. Auf den gleichen Wegen erreichten uns über den Welthandelsplatz Venedig auch die uns einst fremden Düfte exotischer Gewürze, ohne die heutzutage Backen undenkbar wäre.

Im frühen Mittelalter hat man sie mit Gold aufgewogen, weil ihnen starke Heilkräfte innewohnen, deren Kenntnis von den Klöstern übermittelt wurde. In diesen Keimzellen abendländischer Kultur wurden auch die alten heidnischen Gebildbrotformen christianisiert, von dort aus fanden Pfefferkuchen, Lebkuchen, Brezelformen und Gewürzgebäck den Weg in Höfe und Haushalte. Obwohl wir viele der alten Bedeutungen nicht mehr kennen, haftet allem Gebäck und Gebildbrot ein geheimnisvoller Zauber und heilsamer Würzduft an, auch noch in unserer aufgeklärten, modernen Welt.

GUTE ZUTATEN GARANTIEREN GUTES GEBÄCK

Alles, was wir backen, kann immer nur so gut sein wie die Zutaten, die wir verwenden. Das bedeutet also, daß für zartes Gebäck beste Zutaten nötig sind. Eine einzige, nicht erstklassige Zutat stellt das Ergebnis unserer ganzen Arbeit in Frage. Mit qualitativ hochwertigen Backzutaten wird dann aus bloßen Backwaren delikates, zartes Gebäck, so macht die Mühe des Backens mehr Freude. Außerdem ziehen wir einige wenige sehr leckere Plätzchen einem großen Berg an durchschnittlichem Gebäck sicherlich vor. Schließlich kommt dieses Prinzip des „Wenig, dann aber auch wirklich gut" auch der Linie zugute.

Grundsätzlich empfiehlt es sich, alle Zutaten vor dem Backen zusammenzustellen, abzuwiegen und – falls im Rezept nicht anders vermerkt – Zimmertemperatur annehmen zu lassen. Das erspart unnötiges Suchen und erlaubt zügiges Arbeiten. Wir raten auch, alle Geräte bereitzustellen, die Bleche vor der Teigzubereitung einzufetten und den Backofen rechtzeitig vorzuheizen, damit er bereits die richtige Backtemperatur hat, wenn die Vorbereitungen soweit gediehen sind. So können die Plätzchen sofort nach der Fertigstellung in den Ofen geschoben werden, es sei denn, sie benötigen eine Ruhe- oder Trockenzeit.

BUTTER

Wir bevorzugen als Backfett gute Butter. Sie verleiht unserem Gebäck Zartheit und das typische feine Aroma.

Für Mürbteige muß die Butter kühl und fest sein, damit der Teig nicht klebt. Ansonsten läßt sich Butter am besten verarbeiten, wenn sie Zimmertemperatur hat.

EIER

Die Mengenangaben in unseren Rezepten beziehen sich auf Eier der Gewichtsklasse 3, die 60–65 Gramm wiegen. Werden größere oder kleinere Eier verwendet, muß die Flüssigkeitsmenge angepaßt werden.

Oft werden Eigelb und Eiweiß getrennt verarbeitet. Beim Trennen kann man feststellen, ob das Ei frisch ist. Beim frischen Ei ist der Dotter fest, hoch gewölbt, von einer dickflüssigen und einer dünnflüssigen Eiweißschicht umgeben. Ältere Eier haben flache Dotter, das Eiweiß läuft auseinander. Es lohnt sich, zum Plätzchenbacken ganz frische Eier zu verwenden. Sie lassen sich besser trennen, das Eiweiß ergibt einen festeren Schnee, so wird das Gebäck lockerer. Besonders frische Eier erkennt man im Handel an einer Packungsbanderole mit der Aufschrift „extra".

HASEL- UND WALNÜSSE

„... Nuß- und Mandelkern mögen alle Kinder gern." Nüsse, Kerne und Mandeln gehören seit alters her zum Backen. Sie verleihen Gebäcken nicht nur eine besondere Geschmacksnote, sondern stecken auch voller hochwertiger Nährstoffe. Haselnüsse kauft man am besten als geschälte Kerne und hackt, mahlt oder reibt sie selber. Schon zerkleinerte Nüsse verlieren schneller ihr Aroma und werden ranzig.

Rösten in trockener Hitze verstärkt den Nußgeschmack. Nach zehnminütigem Rösten der ganzen Nüsse bei 200–225°C, Gas Stufe 3–4, läßt sich die braune Haut problemlos durch Reiben zwischen zwei Tüchern oder Schütteln in einem Metallsieb entfernen.

Bei Walnüssen lohnt die Mühe des Schälens, denn die bereits geschält gekauften Hälften oder Stücke werden leicht ranzig. Walnußhälften ergeben wunderschöne Garnituren, deshalb vor dem Mahlen oder Hacken einige guterhaltene Exemplare aussortieren.

HEFE

Frische Hefe ist ein natürliches und noch lebendiges Backtriebmittel. Die Hefepilze gären und bilden dabei Kohlensäure, die den Teig auftreibt und lockert. Je frischer die Hefe, desto sicherer ist der Backerfolg. Frisch fühlt sich die Hefe geschmeidig an, sie ist hell, hat keine Risse und bricht in muschelartige Stücke. Ausgetrocknete und überlagerte Hefe hat ihre Triebkraft weitgehend verloren. Trockenhefe hingegen ist eine haltbar gemachte, getrocknete Hefe, die, wenn keine frische zur Hand ist, gute Dienste leistet.
Frische Hefe bringt jedoch fast immer bessere Resultate. Sie sollte Zimmertemperatur haben, bevor sie verarbeitet wird, und nicht direkt mit Salz, Eigelb oder Fett in Berührung kommen, um die Gärung nicht zu beeinträchtigen. Deshalb wird zuerst in einem Vorteig aus Hefe, etwas Mehl, Flüssigkeit und wenig Zucker die Hefe „angelassen", dann werden erst die anderen Zutaten zugefügt. Für den Vorteig darf die Flüssigkeit jedoch nur lauwarm, auf keinen Fall heiß sein, sonst sterben die Hefezellen ab und der Teig geht nicht mehr.

HONIG

Honig ist eine typische Backzutat für die Weihnachtsbäckerei. Er bestimmt den Geschmack von Honig- und Lebkuchen. Honig kann beim Backen Zucker ersetzen, doch verändert sich dann das Gebäck in Geschmack und Konsistenz. Je nach Art der Gewinnung und Blütentracht werden vielerlei Honigsorten unterschieden. Zum Backen eignet sich Blütenhonig mit seinem milden Aroma, er überlagert den Geschmack anderer Zutaten nicht. Ob ein Honig fest oder flüssig ist, sagt überhaupt nichts über seine Qualität aus. Fester Honig kann durch Erhitzen im Wasserbad verflüssigt werden.

KAKAO

Kakaopulver brauchen wir zum Herstellen von dunklen Teigen, wie etwa für Schwarz-Weiß-Gebäck. Das Pulver wird meist nur einem Teil des Teiges zusammen mit etwas Zucker zugegeben. Schwach entölter Kakao ist sehr dunkel, dabei mild und voll im Geschmack. Stark entölter Kakao schmeckt herber, ist jedoch zum Backen sehr gut geeignet, denn der strengere Geschmack wird durch Zucker und Teig gemildert.

KOKOSNÜSSE

Kokosnüsse brauchen wir in der Backstube in geraspelter Form. Wer das Fruchtfleisch selbst raspelt, erreicht die geschmacklich beste Qualität, an die keine Ware aus dem Beutel herankommt.

MARZIPANROHMASSE

Marzipanrohmasse besteht aus feingemahlenen Mandeln und Zucker. Ein Gütesiegel auf der Verpackung weist einen besonders hohen Mandelgehalt aus. Die Masse kann als Teigzutat, für Füllungen, Garnituren, Makronenmassen und zum Modellieren von Figuren verwendet werden.

MEHL

Für feines Gebäck wird fast immer Weizenmehl der Type 405 verwendet. Es handelt sich dabei um das helle Weizenauszugsmehl. Mit ihm gelingt fast jedes Gebäck sehr gut. Wenn wir herzhafteres Gebäck haben wollen, kann auch Vollkornmehl zum Plätzchenbacken genommen werden. Mit Vollkornmehl hergestelltes Gebäck enthält noch nahezu alle wertvollen Inhaltsstoffe des ganzen Getreidekornes und wesentlich mehr Vitamine, Mineralstoffe und Ballaststoffe als Gebäck aus reinem Weißmehl.
Wer Vollkornmehl ausprobieren möchte, dem empfehlen wir, schrittweise umzusteigen:
Zunächst 1/3 der Mehlmenge durch Vollkornmehl ersetzen und später den Anteil erhöhen. Wenn das Vollkornmehl optisch nicht auffallen soll, wird es nur für dunkle Teige und Nußgebäkke eingesetzt. Vollkornmehl muß immer frisch

gemahlen werden. Wer es mit einer Getreidemühle selbst herstellt, sollte immer nur so viel mahlen, wie gleich verbraucht wird, denn die Haltbarkeit dieses Mehls ist begrenzt. Auch gekauftes Vollkornmehl darf zum Backen nicht älter als vier Wochen sein, danach wird der ölhaltige Getreidekeim schnell ranzig.

OBLATEN

Oblaten sind ein hauchdünnes Dauergebäck aus Mehl und Speisestärke. Sie dienen als Unterlage für Makronen und Lebkuchen. Beim Backen auf Oblaten braucht das Backblech nicht gefettet zu werden. Oblaten schützen die Plätzchen während des Backens vor zu großer Unterhitze und später vor dem Austrocknen. So bleiben sie außen knusprig und innen zart. Im Handel findet man runde Oblaten verschiedener Größen und Viereckformen.

PINIENKERNE

Die qualitativ besten Pinienkerne kommen von den toskanischen Pinienhainen entlang der Meeresküste. Ihr Geschmack ist unschlagbar. Durch Rösten entfaltet sich ihr Aroma noch besser.

PISTAZIEN

Pistazien sind mit Mandeln verwandt. Ihre leuchtend grünen Kerne eignen sich zum Dekorieren von Gebäck, außerdem steuern sie einen sehr würzigen Geschmack bei. Pistazienkerne niemals lange aufbewahren, denn ihr Öl wird ranzig, und das leuchtende Grün verblaßt sehr schnell.

ROSINEN

Hinter dem Oberbegriff Rosinen verstecken sich die kleinen, schwarzen, kernlosen Korinthen, die hellen, kernlosen Sultaninen und die großen Traubenrosinen mit Kernen. Korinthen haben einen ausgeprägten Fruchtgeschmack und bleiben beim Backen fest. Sie dürfen zur Haltbarmachung nicht geschwefelt werden. Bei den Sultaninen findet man helle, gebleichte und rötlichbraune, ungebleichte im Handel. Es lohnt sich, kritisch aufs Etikett zu schauen, um zu sehen, ob die Trockenfrüchte geschwefelt wurden.

Vor dem Einarbeiten in den Teig werden die Rosinen gewaschen, manchmal auch in Wein, Likör oder Obstwasser eingeweicht. Dünnes Bestäuben mit Mehl verhindert, daß sie in leichten Teigen alle zu Boden sinken.

ZITRONEN

Der Saft von Zitronen stabilisiert den Eischnee. Die abgeriebene Schale aromatisiert eine Vielzahl von Plätzchen und Kuchen. Selbstverständlich kann auch Orangenschale abgerieben werden. Auf keinen Fall dürfen Zitrusfrüchte, deren Schale abgerieben werden soll, mit Diphenyl oder anderen Mitteln behandelt sein. Die Behandlung ist zwar kennzeichnungspflichtig, aber es ist doch sicherer, noch einmal nachzufragen, ob die Früchte tatsächlich unbehandelt sind.

ZUCKER

Zucker wird bei uns aus Zuckerrüben gewonnen. Es gibt verschiedene Sorten und Körnungen. Zum Backen verwenden wir feinsten Zucker, auch Raffinade genannt, Puderzucker und Hagelzucker. Für Gebäckarten wie Lebkuchen eignet sich auch brauner Zucker oder Farinzucker. Puderzucker ist staubfein gemahlener Zucker, der sich besonders gut auflöst. Er ist zum Bestäuben von Gebäck und zum Herstellen von Glasuren geeignet.
Hagelzucker besteht aus groben Körnern und wird zum Bestreuen von Gebäck benützt. Brauner Zucker oder Kandisfarin ist ein feinkörniger Spezialzucker, der würziger schmeckt als raffinierter Zucker. Die Karamel- und Bräunungsstoffe verstärken das Aroma und verbessern Farbe und Luftigkeit des Gebäcks.

GUTE GEWÜRZE SPENDEN DUFT UND AROMA

Die Backstube ist die Heimat geheimnisvoller Düfte. Ausgewählte Gewürze geben unserem zarten Gebäck das feine Aroma. Sie verweisen oft auch als Bestandteil des Namens auf ihren sympathischen Duft wie bei Pfeffernüssen, Zimtsternen oder Anisplätzchen.

Um Würzkraft und Aromaintensität zu erhalten, verwahren wir Gewürze in dicht verschlossenen Glasgefäßen und halten immer nur so viel an Vorrat, wie in absehbarer Zeit aufgebraucht wird, sonst gehen Duft, Aroma, Geruch und Farbe verloren, denn die vielen feinen Duftstoffe unserer Backgewürze sind an leichtflüchtige ätherische Öle gebunden. Die wichtigsten Gewürze für Gebäck sollen hier beschrieben werden.

ANIS

Anis ist ein typisches Backgewürz aus den Samen eines Doldengewächses, das im Mittelmeerraum wächst. Schon die Griechen verwendeten Anis seines wohlduftenden, „heil-samen" ätherischen Öls wegen zu Anisbrot, das wir heute auch noch kennen und lieben. Der charakteristische scharf-süße Geschmack des Gewürzes verleiht Lebkuchen, Springerle, Honigkuchen und Anisplätzchen die besondere Note.

Im Handel gibt es sowohl ganze Samen als auch gemahlenen Anis zu kaufen. Seine Farbe sollte gelb- bis graugrün und sein Geruch intensiv sein. Braune Farbe deutet auf alte und minderwertige Ware hin.

BACKAROMEN

In winzigen Fläschchen gibt es konzentrierte Zubereitungen verschiedener Duft- und Geschmacksstoffe zu kaufen. Sie enthalten natürliche, naturidentische oder auch künstliche Aromastoffe. Von Rum- bis Zitronenaroma – die kleinen Helfer zur Abrundung des Geschmacks sind manchmal recht nützlich, wenn keine unbehandelte Zitrone oder kein Schuß Rum im Hause sind. Doch Vorsicht bei der Dosierung: Der Geschmack dieser Aromen ist intensiver als der natürlicher Produkte, sie werden daher nur tropfenweise zugesetzt. Wo immer möglich, sollten für zartes Gebäck nur die originalen, nicht konzentrierten oder synthetisch hergestellten Aromaträger verwendet werden. Ihr Geschmack ist feiner und natürlicher.

FENCHEL

Die fein gerieften Samen der oft übermannshohen Fenchelstaude gehören in den Mittelmeerländern zu den wichtigen Haushaltsgewürzen, die neben ihrem Geschmack auch für ihre medizinische Wirkung bekannt sind.

Fenchel regt den Appetit an, fördert die Verdauung und wirkt krampflösend. Gemahlenen Fenchel verwenden wir zum Beispiel für das Ulmer Brot und als Gewürz für die schweren, honigsüßen Lebkuchen. Er kann durch sein heilsames ätherisches Öl, das auch Blähungen beseitigen soll, zur besseren Bekömmlichkeit eines üppigen Festtagsessens beitragen.

INGWER

Als Gewürz verwendet man vom Ingwer die fleischigen Wurzelknollen des meterhohen Gewürzliliengewächses. Sie können getrocknet und dann gemahlen oder in Zuckersirup eingelegt verwendet werden. Für viele Plätzchenteige braucht man gemahlenen Ingwer, der seines würzig-scharfen Aromas wegen sehr vorsichtig zugefügt werden sollte. Bei den Ingwerwürfeln in unserem Buch enthält nur der Teig gemahlenen Ingwer, als Garnitur setzen wir auf die Schokoladenglasur kleine Stückchen kandierten Ingwer.

KARDAMOM

Kardamom kommt aus Indien, Ceylon oder Sumatra. Er wird aus den an ätherischen Ölen reichen Samen eines Ingwergewächses gewonnen, schmeckt feurig-würzig wie seine Verwandten und unterstreicht das Aroma vieler Speisen. Wir verwenden Kardamom feingemahlen für Gebäck wie Lebkuchen und Hutzelbrot.

NELKEN

Ganze Nelken sind die getrockneten Blütenknospen des Gewürznelkenbaumes, der auf den indonesischen Gewürzinseln wächst und bis zehn Meter hoch werden kann. Nelken sind besonders reich an ätherischem Nelkenöl. Zum Backen werden sie immer gemahlen verwendet, verlieren so aber leicht das feine Aroma. Als Gewürz sind Nelken vor allem im Orient seit Jahrtausenden bekannt. Als sündhaft teures Luxusgut kamen sie auf verschlungenen Handelswegen über Ceylon, Arabien, Ägypten und Venedig nach Mitteleuropa. Seit dem frühen Mittelalter werden sie in den Klöstern als typisches Lebkuchengewürz verwendet. Heute kommen die meisten Nelken aus Plantagen auf der Gewürzinsel Sansibar und aus Südostasien.

PIMENT

Piment wächst als sechs bis acht Millimeter große Körnerfrucht in Rispen auf sehr hohen Bäumen, vor allem auf Jamaika. Vor der Reife enthalten die Früchte noch ein sehr intensiv duftendes ätherisches Öl, das sich aber im Verlauf der Reifung ganz verflüchtigt, deshalb müssen die Körner unreif geerntet werden. Pimentkörner werden auch häufig einfach Gewürzkörner, Allgewürz oder Nelkenpfeffer genannt, denn sie vereinigen die Ge-

VANILLE
AROMA
MANDEL
AROMA
Rum
Aroma
Aromen
Zitronenschale
Zitronat
Orangeat
Anis
Piment
Fenchel
Vanilleschoten
Safran
Ingwer

schmacks- und Duftkomponenten von Nelken, Zimt und Muskat mit der Schärfe des Pfeffers. Heute verwenden wir gemahlenen Piment für Honigkuchen, Pfefferkuchen, Lebkuchen und Gewürzkuchen.

SAFRAN
„... Safran macht den Kuchen gel" (gelb). Safran nennen wir die zarten, schmalen Blütennarben einer Krokusart, die ausschließlich von Hand eingesammelt werden können. Deshalb war Safran schon immer teuer. Im Mittelalter kostete ein Pfund davon soviel wie ein Pferd. Auch heute noch ist Safran das teuerste Gewürz. Er wird als natürliches Färbemittel verwendet. Um einen Teig gelb zu färben, genügen bereits winzige Mengen. Der Geschmack von Safran geht ins Bittersüße, sein Aroma ist jedoch eher zurückhaltend. Bevor er einem Teig zugegeben wird, muß er immer in etwas Flüssigkeit aufgelöst werden.

STERNANIS
Nur das Aroma von Sternanis ist dem von Anis ähnlich, botanisch gehören sie verschiedenen Pflanzenfamilien an. Sternanis duftet wie Anis, schmeckt jedoch wesentlich kräftiger und feuriger. Er paßt zu intensiv gewürztem Weihnachtsgebäck.

VANILLESCHOTEN
Die länglichen schwarzen Vanilleschoten sind fermentierte Früchte einer Orchideenart, die früher hauptsächlich in den Küstengebieten Mittelamerikas vorkam. Heute bestehen große Kulturen in Madagaskar, Bourbon und auf den Seychellen. Der Duftstoff, das Vanillin, wird bei besonders aromareichen Vanilleschoten in feinen Kristallen ausgeschieden.
Das Mark der Fruchtschoten besteht aus feinen schwarzen Samenkörnern, die reich mit Vanillinkristallen übersät sind und als untrügliches Kennzeichen für echten Vanillezucker gelten.
Vanillinzucker kommt in sehr vielen Backrezepten vor und ist zum Beispiel für Vanillekipferl unentbehrlich. Das beste Aroma bietet im eigenen Haushalt frisch hergestellter Vanillezucker. Gekaufter Vanillezucker in kleinen Beuteln verliert schnell den zarten Duft. Für diesen Vanillinzucker wird keine echte Vanille, sondern das synthetisch erzeugte Vanillinaroma verwendet.
So einfach kann man frischen Vanillezucker selbst herstellen:
In ein fest verschließbares Glas einige aufgeschlitzte Vanillestangen geben. Nun mit normalem weißem Haushaltszucker (Raffinade) auffüllen, verschließen und mindestens drei Tage zum Aromatisieren stehenlassen. Dann das schwarze Mark aus den Schoten herausschaben und mit dem Zucker vermengen.

ZIMT
Zimtstangen lassen noch die Herkunft dieses Gewürzes erkennen: Es ist die abgeschälte, getrocknete Rinde des ceylonesischen Zimtbaumes. Je dünner die Rindenteile sind, desto feiner das Aroma. In der Backstube wird gemahlener Zimt verwendet. Er ist nicht nur für Zimtsterne, sondern auch für Honig- und Lebkuchen einfach unentbehrlich. Um Aromaverluste zu vermeiden, wird das gemahlene Gewürz nur in fest verschließbaren Gefäßen aufbewahrt.

ZITRONAT (SUKKADE) UND ORANGEAT
Zitronat stammt nicht aus der Schale der Zitrone, wie wir schon an der beachtlichen Stärke der kandierten Schale sehen können. Für Zitronat werden die grün geernteten, ein bis zwei Kilogramm schweren Früchte der Zedratzitrone nach dem Aufkochen mit reinem weißem Zucker kandiert und glasiert.
Zedratzitronen wachsen hauptsächlich in Italien und Griechenland. Auch Orangeat ist nicht die kandierte Schale der Orange, sondern entsteht durch Kochen und Kandieren mit Zucker aus der Schale der Pomeranze, der Bitter- oder Sevilla-Orange. Zedratzitrone und Pomeranze haben eine sehr unebene, rauhe Schale mit zahlreichen Öldrüsen, die außerordentlich aromatische ätherische Öle enthalten. Deshalb sind Orangeat und Zitronat hervorragende Aromen für viele Gebäck-

arten. Diese kandierten Früchteschalen braucht man nicht nur für Christstollen. Als Teigzutaten sollte man sie möglichst fein wiegen, zum Dekorieren in passende Würfel oder Streifen schneiden. Dazu beim Schneiden etwas Zucker darüber streuen, dann spritzen sie unter dem scharfen Messer nicht weg.

ZITRONENSCHALE

Zum Aromatisieren darf nur die Schale von unbehandelten Früchten verwendet werden. Zitronen sollten heiß abgewaschen und abgetrocknet werden. Dann am besten mit einem Zitrusschaber (Julienne-Reißer) feine Streifen von der Schale ziehen. Auf diese Weise gerät nichts von der bitteren Haut, die dicht unter der hocharomatischen Schale liegt, in den Teig.

WICHTIGE GERÄTE FÜRS GUTE GELINGEN

Keine Sorge, große Neuanschaffungen sind beim Plätzchenbacken in der Backstube nicht nötig. Vorausgesetzt natürlich, die Grundausstattung, also Schüsseln, Waage, Kochlöffel, Handrührgerät, ist vorhanden. Wir stellen einige wichtige Gerätschaften vor, die vor allem das Ausformen und Verzieren des Gebäcks erleichtern. Denn was wären Springerle, Makronen, Spritzgebäck oder Bärentatzen ohne ihre typische Form?

AUSSTECHFÖRMCHEN

Ein Gebäckteller reizt auch durch die Vielfalt der Formen, deshalb lohnt es sich, Ausstecher in vielen verschiedenen Formen parat zu haben. Häufig werden komplette Sets verkauft. Neben den klassischen Motiven gibt es auch Förmchen für Ringe und Brezeln.

Ausstechförmchen sollten aus rostfreiem Material sein und scharfe Schnittkanten haben. Eingerollte Oberkanten helfen Verletzungen zu vermeiden. Beim Ausstechen die Förmchen zwischendurch immer wieder in Mehl tauchen, das erleichtert die Arbeit und verhindert das Ankleben des Teiges.

BACKPINSEL

Alle Pinsel, die in der Küche Verwendung finden, sollten ungefärbte, fest im Stiel verankerte Naturborsten besitzen. Beim Backen sind mehrere Pinsel nützlich: ein breiter zum Fetten der Formen und Bleche, ein schmaler mit zarten Borsten zum Bestreichen mit Eiweiß, Glasur, Milch, Eigelb oder Wasser und eventuell ein dritter, um Zucker oder Mehl trocken zu entfernen. Nach dem Gebrauch werden die Pinsel sorgfältig ausgewaschen, damit keine Reste haften bleiben.

GARNIERKAMM

Ein Garnierkamm ist beispielsweise bei Florentinern von Nutzen, um ein dekoratives Muster in die Schokoladenkuvertüre zu ziehen. Dieses einfache Hilfsmittel aus Kunststoff kann jedoch auch beim Verzieren von Gebäck und Torten gute Dienste leisten. Das abgebildete Exemplar hat zwei verschiedene eingekerbte Kämme und ist daher vielseitiger verwendbar.

HOLZMODELN

Sie bringen den Teig für Springerle und Bärentatzen in Form. Bevor sie auf den ausgewellten Teig gedrückt werden, den Teig dünn mit Mehl oder Weizenpuder bestäuben. Dann klebt er nicht an und löst sich beim Abklopfen leichter heraus. In den Modeln darf sich kein Mehl und kein Teig festsetzen, sonst verstopfen die kleinen Ornamente.

KÜCHENMESSER

Sie sollten handlich und immer scharf sein. Weil sie vielseitige Dienste leisten, dürfen sie in keiner Küche fehlen. Gute Messer sind nicht billig, doch lohnt es sich, auf Qualität zu achten. Die Klinge reicht bei guten Stücken als Schaft bis ans Griffende des Messers, der Griff selbst besteht aus zwei an den Schaft genieteten Halbgriffen. Wichtig ist, daß das Messer gut in der Hand liegt und daß es regelmäßig geschärft wird.

MEHLSIEB

Das Sieben von Mehl ist heute ein wenig aus der Mode gekommen. Die kleine Mühe lohnt sich jedoch, denn Klümpchen und Verunreinigungen können entfernt, Backpulver und Speisestärke

beim Sieben gut untergemischt werden. Bleibt das Sieb trocken, dann braucht es nicht gespült zu werden: gründliches Ausklopfen genügt.

PALETTE

Eine Palette wird sich nicht in jeder Küche finden, doch lohnt sich die Anschaffung – nicht nur für die Zeit des Backens. Paletten sind Metallspachtel mit abgerundeten Ecken. Wir brauchen eine stabile Palette, um damit Gebäckstücke horizontal zu teilen, Zuckerguß und Kuvertüre glattzustreichen und mehrere Plätzchen gleichzeitig vom Backblech zu heben.

PERGAMENTPAPIER

Pergamentpapier ist ein altbewährter Helfer in der Küche. Es dient zum Auslegen von Backblechen und -formen, zum Abdecken des Gebäcks am Ende der Backzeit. Außerdem kann man daraus Spritztütchen falten, um feine Glasurmuster und -schriften aufzuspritzen.

So werden kleine Spritztütchen aus Pergament gefaltet:

Zunächst aus Pergamentpapier ein etwa 25 x 20 Zentimenter großes Viereck ausschneiden. Dieses Rechteck diagonal falten und in zwei Dreiecke teilen. Nun das Dreieck zu einem möglichst spitzen Kegel einrollen. Dazu das Papier an einem Ende festhalten und mit dem anderen Ende um die Finger wickeln. Die nun überstehenden Enden nach innen falten. Zum Verzieren werden die Spritztütchen etwa zu zwei Dritteln gefüllt. Die Tütchen oben verschließen und die untere Spitze abreißen oder abschneiden.

PRALINENGITTER

Ein Pralinengitter besteht aus der Auffangschale und dem Abtropfrost. Es ist ideal zum Glasieren, zum Überziehen mit Kuvertüre, zum Abtropfen und Trocknenlassen von Kleingebäck. Bei großen Gebäckmengen oder wenn kein Pralinengitter vorhanden ist, genügt natürlich auch ein herkömmliches Kuchengitter, das auf Alufolie oder ein Backblech gestellt wird. Kuchengitter eignen sich auch sehr gut zum Auskühlen von Gebäcken aller Art, also lieber eines mehr besorgen als eines zu wenig.

PRALINENKAPSELN

Sie sind Backform, Gefäß und Verpackung in einem, geeignet für Trüffelmassen und weiche Teige, die in einer kleinen, einmal zu verwendenden Form gebacken werden müssen.

PUDERZUCKERSTREUER

Diese Streudosen werden aus Kunststoff oder Metall hergestellt. Mit ihrer Hilfe können Kuchen und Plätzchen gleichmäßig mit Puderzucker bestreut werden. Außerdem kann man in ihnen den Puderzucker auch gut aufbewahren.

SCHNEEBESEN

Ein Schneebesen oder Schlagbesen wird immer dann gebraucht, wenn luftige Massen aufgeschlagen oder Teig und Eischnee gemischt werden sollen. Geeignet sind Schlagbesen aus rostfreiem Stahl, deren Drähte von einem Metallgriff zusammengehalten werden.

Wir brauchen zwei Schneebesen. Einen mit dünnen elastischen Drähten für Eischnee und einen mit stärkeren, stabilen Drähten zum Rühren. Damit Eischnee gelingt, müssen die verwendeten Schüsseln und Geräte unbedingt fettfrei sein. Um jedem Risiko aus dem Wege zu gehen, empfiehlt es sich, zuerst Eiweiß zu schlagen, es dann beiseite zu stellen und dann erst die anderen Zutaten zu verarbeiten.

SPRITZBEUTEL

Auch Spritzbeutel gibt es in verschiedenen Größen und aus unterschiedlichem Material. Zum Verzieren von Kuchen und Torten sowie zum Spritzen von Baisergebäck und Windbeuteln ist ein großer Beutel aus Stoff oder Kunststoff zu empfehlen. Der Stoffbeutel muß nach jedem Gebrauch ausgekocht werden, Nylonbeutel sind leichter zu reinigen. Spritzbeutel werden immer nur halb gefüllt, dann faßt man sie mit einer Hand über der Füllung straff zusammen und führt mit der anderen Hand die Tülle beim Spritzen.

SPRITZBEUTEL-TÜLLEN

Ein Spritzbeutel kann ohne und mit Tülle benutzt werden. Mit den Tüllen erhalten die Spritzmassen jedoch erst ihre typischen Formen. Tüllen gibt es in zahlreichen Variationen und Größen, z. B. Lochtüllen zum Verzieren und Schreiben, Sterntüllen für Rand- und Blumendekorationen und diverse schlitzförmige Tüllen für kunstvollere Dekorationen. Wer gerne und viel mit dem Spritzbeutel arbeitet, sollte darauf achten, daß die Tüllen auswechselbar sind, ohne daß der Beutel vorher entleert werden muß.

SPRITZVORSATZ FÜR DEN FLEISCHWOLF

Dieses Zusatzgerät eignet sich besonders für die bequeme Herstellung von Spritzgebäck. Mit der Schiebeleiste können verschiedene Querschnitte gewählt werden. Beim Durchdrehen von Spritzgebäck helfen Kinder gerne mit: Sie passen auf, daß die langen Teigstreifen nicht brechen, legen sie vorsichtig auf die Arbeitsfläche und schneiden sie in passende Stücke.

TEIGRÄDCHEN

Es werden glatte Rädchen und Rädchen mit gezacktem Rand angeboten. Wichtig ist, daß es scharf genug ist, den Teig zu schneiden, und ihn nicht zerreißt und dehnt. Außerdem erfordert scharfes Werkzeug weniger Kraftaufwand, und selbst Kurven und andere freie Formen lassen sich besser herausarbeiten.

TEIGROLLER

Beim Teigroller, auch Wellholz, Nudelholz oder Rollholz genannt, kann der Zylinder aus Holz oder aus Marmor sein. Wichtig ist eine glatte Oberfläche und problemloses, leichtes Rollen. Sehr gute professionelle Wellhölzer laufen in Kugellagern. Für Holzroller eignet sich Hartholz gut, weil es weder klebt noch Flüssigkeit und Fett aufnimmt. Marmorroller leisten hervorragende Dienste, wenn es darauf ankommt, Mürbteig kühl zu bearbeiten. Der Marmorroller kommt dann einfach vor dem Ausrollen eine Weile in den Kühlschrank.

Teig soll immer nur durch leichten Druck ausgerollt und nicht mit viel Kraft breitgequetscht werden! Falls der Teig doch einmal klebrig geworden ist, rollt man ihn zwischen zwei Lagen Frischhaltefolie aus.

ZITRUSSCHABER

Mit dem Zitrusschaber oder Julienne-Reißer werden feine Streifen an der Oberfläche von Orangen- oder Zitronenschalen abgeschabt. Die tiefer liegende, bittere Haut erfassen die scharfkantigen Löcher des Schabers nicht, deshalb arbeitet er sicher zuverlässiger als ein Messer oder Schälmesser.

IDEENREICH GLASIEREN UND DEKORIEREN

Zuerst schaffen wir eine schöne Oberfläche für unser Spiel mit Nüssen, Mandeln, Perlen, Zitronat oder Farbglasur.
Die besten Möglichkeiten dafür sind:
dunkler, milchschokoladenheller oder weißer Schokoladenüberzug aus Kuvertüre oder Fettglasur,
weiße oder getönte Puderzuckerglasur, aromatisiert mit Rum, Arrak, Zitronensaft, Campari, Orangenlikör, Himbeersaft,
das Bestäuben mit Puderzucker,
das Wälzen in Raffinade oder Vanillezucker,
das Bestäuben mit dunklem Kakaopulver,
das Bestreichen mit Gelee oder Marmelade.

Sobald die Oberflächen glatt sind, sind der Phantasie und der Gestaltungsfreude keine Grenzen mehr gesetzt. Reizvolle natürliche Dekomaterialien sind:
Haselnüsse und Mandeln gehackt, in Stiften oder Blättchen,
Pinien- und Pistazienkerne,
Schokostreusel,
Krokantstückchen,
Kokosflocken,
Zitronat und Orangeat in Stückchen oder Streifen,
Belegfrüchte,
Marzipan,
bunte Zuckerperlen,
Silberperlen,
bunte Streusel,
Schokoblätter.

TIPS AUS DER PRAXIS
Alle Schokoladenüberzüge immer im Wasserbad schmelzen. Gebäckstücke auf ein Metallgitter setzen und eine Alufolie unter das Gitter legen. Wenn die Glasur flüssig ist, durch Gießen, Tauchen oder mit der Palette die Schokoladenmasse auf die Gebäckstücke auftragen und auf dem Gitter abtropfen lassen. Pinsel eignen sich nicht für Schokoglasuren. Dekorationen in die halbfeste Schokolade eindrücken. Puderzuckerglasuren mit warmem Wasser, warmer Milch oder Sahne anrühren. Aromazusätze erst nach dem völligen Auflösen des Zuckers zugeben. Ebenfalls auf dem Gitter glasieren. Zum Malen oder Schreiben mit Zuckerglasur das bei den Geräten beschriebene Spritztütchen aus Pergamentpapier benützen. Glasur mit Lebensmittelfarben oder natürlichen Farben, wie Rote-Bete-Saft, Heidelbeersaft, Himbeersaft, Orangensaft oder Karottensaft anfärben.

SCHÖNER SCHENKEN: EINFALLSREICH VERPACKEN

„Schenke groß oder klein,
aber immer gediegen.
Wenn die Bedachten die Gaben wiegen,
sei dein Gewissen rein.

Schenke herzlich und frei.
Schenke dabei,
was in dir wohnt
an Meinung, Geschmack und Humor,
so, daß die eigene Freude zuvor
dich reichlich belohnt.

Schenke mit Geist ohne List.
Sei eingedenk, daß dein Geschenk
du selber bist."

Joachim Ringelnatz

Ein süßes Mitbringsel liebevoll in Gold- oder Silberfolie gewickelt und mit bunten Bändern verschnürt oder in winzige Kartons versteckt, die für ein einzelnes „Schmuckstück" gerade groß genug sind, so gelingt die Überraschung immer.
Die Auswahl an Geschenkkartons ist riesig: ob rund, sternförmig, rechteckig oder quadratisch, in knallig-bunten Farben oder klassisch-venezianisch marmoriert, für jeden Geschmack ist etwas dabei.
Damit unser Gebäck in diesen Kartons nicht nur bis zum Überreichen frisch und schön zum Ansehen bleibt, kleiden wir die kleinen Boxen mit Frischhaltefolie aus. Die hübschen Schachteln bekommen dann keine Flecken, so daß sie später auch noch andere Kleinigkeiten beherbergen können.

Die ideale Verpackung für zartes Gebäck ist immer noch die Blechdose, denn sie schützt vor fremden Aromen, vor dem Zerbrechen, Austrocknen und Verflüchtigen der wertvollen Gewürze. Blechdosen, unifarben oder mit vielerlei Dekor, gibt's heute in großer Vielfalt. Die unifarbenen können wir auch noch selbst bemalen, mit ausgeschnittenen Mustern oder Streifen aus selbstklebender Plastikfolie dekorieren.
Unsere schönen Backkunstwerke brauchen wir aber nicht zu verstecken: Klarsichtbeutel oder eine offene Schale, üppig mit Klarsicht- oder Farbfolie eingeschlagen, ergeben ein wertvolles, elegantes Präsent. Nun noch eine große, dekorative Schleife zum Verschließen, und fertig ist ein ganz persönliches Geschenk. Und jedes Gebäckpräsent wird noch bereichert, wenn wir auf schönem Briefpapier, mit eigener Hand geschrieben, das Rezept beifügen.

Bevor Sie Plätzchen so kunstvoll verpacken können, geht's zunächst einmal ans Backen. Unter den folgenden 47 Rezepten finden Sie sicher kleine Köstlichkeiten zum Verschenken – oder zum Selberessen. Wenn dann beim Backen die Düfte von Marzipan, Schokolade, Ingwer und Zimt durchs Haus ziehen, stellt sich die Weihnachtsstimmung ganz von selbst ein.

SPITZBUBEN
UND
POMERANZENLAIBCHEN

Zutaten für etwa 50 Spitzbuben:
400 g Mehl
200 g Butter
3 Eigelb
100 g Zucker
2 TL Vanillezucker
50 g geriebene Haselnüsse
abgeriebene Schale von 1 ungespritzten Zitrone
Für die Füllung: Saft von 1 Zitrone
1/2 Tasse Himbeer- oder Johannisbeergelee
Zum Bestäuben: 1/2 Tasse Puderzucker
Für das Blech: Butter und Mehl
Backtemperatur: vorheizen auf 200 °C,
Gas Stufe 3

Mehl auf ein Backbrett sieben und kalte Butter in kleinen Flöckchen darauf verteilen. Eine Vertiefung ins Mehl drücken. Eigelb, Zucker, Vanillezucker, geriebene Nüsse und Zitronenschale hineingeben. Mit einem Messer alles durchhacken. Schnell durchkneten, zu einer Teigkugel formen. In Pergamentpapier oder Klarsichtfolie packen, etwa 2 Stunden im Kühlschrank ruhen lassen.
Backblech mit Butter bestreichen und mit Mehl bestäuben. Teig etwa 1/2 cm dick ausrollen. Mit Förmchen Plätzchen und ebenso viele Ringe ausstechen.
Backofen auf 200 °C, Gas Stufe 3 vorheizen, auf der mittleren Leiste 10 Minuten goldgelb backen. Auskühlen lassen.
Zitronensaft mit Gelee verrühren und auf die Plätzchen streichen. Ringe mit Puderzucker bestäuben und auf die Plätzchen setzen. Öffnungen mit dem restlichen Gelee auffüllen.

Zutaten für etwa 100 Pomeranzenlaibchen:
4 Eier
340 g Zucker
feingeriebene Schale von je 1 ungespritzten
Orange und Zitrone
400 g Mehl
100 g feingehacktes Orangeat
40 g feingehacktes Zitronat
Zum Verzieren:
Schokoladenkuvertüre
Für das Blech: Butter und Mehl
Backtemperatur: vorheizen auf 160 °C,
Gas Stufe 1

Eier mit Zucker schaumig rühren.
Geriebene Orangen- und Zitronenschale dazugeben, Mehl darübersieben und alles mit dem Knethaken des Handrührgerätes zu einem geschmeidigen Teig verarbeiten.
Feingehacktes Orangeat und Zitronat dazugeben. Teig eine Weile ruhen lassen.
Backofen auf 160 °C, Gas Stufe 1 vorheizen.
Blech buttern und mit Mehl bestäuben.
Teigmasse in eine Spritztüte füllen und durch eine große Lochtülle etwa 5 cm lange Laibchen auf das bemehlte Backblech spritzen.
Im Backofen auf mittlerer Einschubhöhe in etwa 12 Minuten goldgelb backen.
Auf einem Kuchengitter ganz abkühlen lassen.
Im Wasserbad die Kuvertüre verflüssigen und in ein spitz gewickeltes Pergamenttütchen füllen. Die Spitze abreißen. Durch das kleine Loch werden die Laibchen mit dünnen Schokofäden verziert.

VANILLEKIPFERL

Zutaten für etwa 50 Stück:

Vorbereiten:

Vanillezucker aus dem Mark von 1 Vanilleschote und 150 g Zucker

Für den Teig:

100 g geschälte, sehr fein gemahlene Mandeln
280 g Mehl
90 g Zucker
1 Messerspitze Salz
Mark von 1 Vanilleschote
200 g weiche Butter
2 Eigelb

Backtemperatur: vorheizen auf 190 °C, Gas Stufe 2–3

Die Kipferl sind eines der zartesten Geschenke der altösterreichischen Patisserie. Aber bittschön: Nehmen's nur echte Vanille für diese hauchzarte Köstlichkeit.

Vanilleschote längs aufritzen und Mark herauskratzen. Zucker mit Schote und Mark in einem verschlossenen Glas 3 Tage aromatisieren.

Mandeln, Mehl, Zucker, Salz und Vanillemark auf die Arbeitsplatte geben und Butter in Flöckchen darauf verteilen. Mit einem großen Küchenmesser durchhacken.

Eigelb dazugeben und alles zu einem glatten Teig kneten.

Teig in Klarsichtfolie wickeln und über Nacht in den Kühlschrank legen.

Am nächsten Tag aus dem Teig eine Rolle formen und in etwa 50 gleich große Stücke schneiden. Aus den Stücken spitz zulaufende Stäbchen rollen und zu Hörnchen biegen.

Backofen auf 190 °C, Gas Stufe 2–3 vorheizen. Kipferl auf einem ungefetteten Blech auf der mittleren Schiebeleiste 12 Minuten lang backen.

Solange sie noch warm sind, vorsichtig im vorbereiteten Vanillezucker wälzen.

EISERWAFFELN

Zutaten für etwa 20–25 Stück:
200 g Weizenmehl
75 g Zucker
3 EL Butter
1 Ei
1 TL Backpulver
etwas Vanillemark
1 TL gemahlener Anis
1 Prise Salz
1/2 Tasse Milch
Zum Einfetten des Waffeleisens:
Olivenöl

Diese dünnen und besonders knusprigen Waffeln erhielten ihren Namen nach den alten handgeschmiedeten und kunstvoll verzierten Waffeleisen. Das waren zwei Eisenplatten mit langen Griffen, die wie eine Zange geöffnet und geschlossen werden konnten. Ursprünglich hat man die Waffeln am offenen Kaminfeuer gebacken. Glücklicherweise gibt es heute auch elektrisch betriebene Waffeleisen.

Alle Zutaten außer der Milch in einer Schüssel verrühren und verkneten. Nur so viel Milch zugeben, daß sich der Teig noch gut kneten läßt.
Waffeleisen erhitzen und mit Olivenöl bestreichen.
Je ein pflaumengroßes Teigstück abtrennen, auf das Waffeleisen geben und das Eisen schließen. Die Griffe fest zusammendrücken, damit die Waffeln schön dünn werden.
Eiserwaffeln sind schnell fertiggebacken und können heiß serviert werden.

BUTTER-S

Zutaten für etwa 70 Stück:
250 g weiche Butter
125 g Puderzucker
1 Messerspitze Salz
abgeriebene Schale von 1/2 unbehandelten Zitrone
3 Eigelb
400 g Mehl

Zum Bestreichen:
1 Eigelb

Zum Bestreuen:
50–70 g Hagelzucker

Backtemperatur: vorheizen auf 190 °C, Gas Stufe 2–3

Der Mürbteig für diese feinen Buchstaben muß blitzschnell verarbeitet werden, sonst wird er klebrig. Die S formt man am besten aus dem abgekühlten Teig. Erst nach ein paar Tagen werden sie richtig mürbe und zart.

Butter mit Puderzucker, Salz, Zitronenschale und Eigelb cremig rühren.
Mehl darübersieben und alles schnell zu einem mürben Teig kneten. Teig zu einer Kugel formen, in Klarsichtfolie einwickeln und für mindestens 3–4 Stunden in den Kühlschrank stellen. Besser ist es, der Teig ruht über Nacht.
Nach der Ruhezeit eine Rolle aus dem Teig formen und in etwa 70 Scheiben schneiden. Die Scheiben zu 8 cm langen Stäbchen rollen und in S-Form auf ein ungefettetes Backblech legen. Die Plätzchen sollten etwas auf Abstand liegen, da sie sonst ineinanderlaufen können.
Eigelb mit einigen Tropfen Wasser verrühren. Plätzchen damit bestreichen und zuletzt je nach Geschmack mit Hagelzucker bestreuen. Falls Zukker auf das Blech gefallen ist, entfernen, da er in der Hitze verbrennen würde.
Backofen auf 190 °C, Gas Stufe 2–3 vorheizen und in 10 Minuten auf mittlerer Einschubhöhe goldgelb backen.
Auf einem Kuchengitter auskühlen lassen.

ULMER BROT

Zutaten für 15 kleine Brote:
1,5 kg Mehl
60 g Hefe
250 g Zucker
1/2 Liter Milch
125 g Butter
30 g gewürfeltes Zitronat
je 1 Prise gemahlener Anis und Fenchel
3 Päckchen Vanillezucker
Zum Bestreichen:
1 Ei
Für das Blech:
Butter
Backtemperatur: vorheizen auf 225 °C,
Gas Stufe 4

Das „Ulmer Brod“ ist ein altes Gebildbrot aus Hefeteig. Früher sagte man ihm gesundheitsfördernde Wirkung auf Mensch und Tier nach. Der Zauber wirkte besonders gut, wenn die Brote in der Heiligen Nacht draußen lagen und vom Weihnachtstau benetzt wurden. Ulmer Brot kann am Tag nach dem Backen, in dünne Scheiben geschnitten, zu Zwieback im Ofen getrocknet werden.

Mehl in eine große Schüssel oder auf ein Backbrett sieben und in die Mitte eine Vertiefung drücken. Hefe in die Vertiefung bröckeln, mit etwas Zucker und lauwarmer Milch zu einem Vorteig anrühren. Zugedeckt 20 Minuten gehen lassen.

Alle anderen Zutaten einarbeiten und Hefeteig kräftig kneten. In 15 gleich große Stücke teilen und kleine Laibe daraus formen. Jeden Laib in der Mitte längs einschneiden. Brote auf gefettete Backbleche legen und 30 Minuten gehen lassen.
Backofen auf 225 °C, Gas Stufe 4 vorheizen.
Außer an den Schnittstellen die Brote mit verquirltem Ei bestreichen.
Auf der mittleren Schiebeleiste 20 Minuten backen. Damit die Brote nicht zu dunkel werden, eventuell gegen Ende der Backzeit mit Alufolie abdecken.

SPRINGERLE

Zutaten je nach Model für etwa 30–60 Stück:
4 kleine Eier
500 g feiner Zucker
etwas abgeriebene Zitronenschale
500 g Mehl
1 Messerspitze Hirschhornsalz
Für das Blech:
Anis
Backtemperatur: vorheizen auf 160 °C,
Gas Stufe 1

Weihnachten und Springerle gehören zusammen. Dieses Bildgebäck muß natürlich richtig „aufgesprungen" sein, also ein „Füßchen" haben, dabei sollte die Reliefform gut sichtbar werden, sonst machen sie einer schwäbischen oder badischen Hausfrau keine Ehre.

Eier trennen und Eiweiß steifschlagen. Zucker und Eigelb in das Eiweiß rühren, bis eine homogene Masse entstanden ist.

Zitronenschale, Mehl und Hirschhornsalz unterrühren.

Auf einem Backbrett Teig kneten, bis er geschmeidig ist. Eine Teigkugel formen und zugedeckt 1 Stunde kaltstellen.

Teig dünn ausrollen.

Model mit etwas Mehl bestäuben und auf den Teig drücken. Model abheben, die Form ausschneiden und die Springerle auf das mit Aniskörnern bestreute Blech legen.

Über Nacht die Springerle gut abtrocknen lassen. Am nächsten Tag Backofen auf 160 °C, Gas Stufe 1 vorheizen und auf der mittleren Schiene backen. In den ersten 20 Minuten die Backofentür einen Spalt offen lassen. Dann den Backofen schließen und die Springerle fertigbacken, bis der Boden goldgelb, die Oberfläche aber noch weiß ist.

Nach dem Backen jedes Springerle mit einer weichen Bürste vom anhaftenden Mehl befreien.

Springerle einige Tage offen stehen lassen, damit sie weich werden.

WESPENNESTER

Zutaten für etwa 75 Stück:
500 g Zucker
4 EL Wasser
250 g ungeschälte, gestiftelte Mandeln
6 Eiweiß
125 g bittere Schokolade
Mark von 1/2 Vanilleschote
runde Oblaten
Zum Verzieren:
Mandelhälften
Schokoladenkuvertüre
Backtemperatur: vorheizen auf 140 °C,
Gas Stufe 1

Das Erhitzen und Karamelisieren der Mandeln verleiht ihnen einen intensiveren Geschmack. Sie harmonieren sehr gut mit der Schokolade.

Die Hälfte des Zuckers in einem Topf mit dem Wasser erhitzen und ganz auflösen.
Mandelstifte dazugeben. Unter Rühren rösten, bis die Masse gelblich wird. Abkühlen lassen und dabei gelegentlich umrühren, damit die Mandeln nicht zusammenkleben.
Unterdessen die andere Hälfte des Zuckers mit dem Eiweiß schaumig schlagen. Dies gelingt sehr gut „auf Dampf“: Die Rührschüssel wird auf einen Topf mit heißem Wasser gestellt, ohne daß sie das Wasser berührt. Das Wasser darf nicht stark kochen, damit der Eischnee gelingt.
Schokolade reiben und unter den Schnee ziehen. Mit dem Vanillemark aromatisieren. Zuletzt die Mandelmasse unterheben.
Mit zwei nassen Teelöffeln kleine Teighäufchen auf die Oblaten setzen. Eine Hälfte der Plätzchen mit je einer längs halbierten Mandel verzieren.
Backofen auf 140 °C, Gas Stufe 1 vorheizen und Wespennester auf der mittleren Einschubleiste 20 Minuten backen. Auf einem Kuchengitter abkühlen lassen.
Inzwischen Kuvertüre schmelzen und in ein spitz gewickeltes Pergamenttütchen füllen. Die Spitze abschneiden. Durch das kleine Loch Schokofäden auf die noch nicht verzierte Hälfte der Plätzchen spritzen.

HEIDESAND
UND
KOKOSMAKRONEN

Zutaten für etwa 50 Stück Heidesand:

125 g Butter
125 g Zucker
1 Päckchen Vanillezucker
1 TL Backpulver
200 g Mehl
2 TL Kakao

Zum Bestreichen:

1 Eigelb

Backtemperatur: vorheizen auf 175–200 °C, Gas Stufe 2–3

Butter auf dem Herd erhitzen, bis sie hellbraun ist. In eine Schüssel gießen, etwas abkühlen lassen und dann mit Zucker und Vanillezucker schaumig rühren.

Backpulver und Mehl darübersieben. Alles gut verkneten.

Masse halbieren und eine Hälfte mit dem Kakao vermengen. Beide Teighälften nochmals gut durchkneten und für 10 Minuten in den Kühlschrank stellen.

Anschließend aus dem hellen Teig eine Rolle formen. Den dunklen Teig zu einer Platte ausrollen. Eigelb verquirlen und den dunklen Teig damit bestreichen. Die dunkle Teigplatte fest um die helle Rolle wickeln und etwa 20 Minuten in das Gefrierfach legen.

Backblech mit Backtrennpapier auslegen.

Dünne Scheiben von der Teigrolle schneiden und auf das Backblech legen.

Backofen auf 175–200 °C, Gas Stufe 2–3 vorheizen und auf der mittleren Einschubleiste 20 Minuten backen.

Zutaten für etwa 50 Kokosmakronen:

300 g Puderzucker
3 Eiweiß
300 g Kokosflocken

Zum Eintauchen:

Schokoladenkuvertüre

Zum Bestäuben:

2 EL Kakaopulver

Backtemperatur: vorheizen auf 160–170 °C, Gas Stufe 1

Puderzucker sieben und zusammen mit dem Eiweiß schaumig schlagen. Kokosflocken unterheben.

Backblech mit Backtrennpapier auslegen und mit zwei nassen Teelöffeln kleine Teighäufchen daraufsetzen. Makronen 2 Stunden trocknen lassen.

Backofen auf 160 °C, Gas Stufe 1 vorheizen und die Makronen auf der mittleren Schiebeleiste in 15–20 Minuten sehr hell backen. Die Oberfläche muß richtig knusprig und das Innere weich sein.

Während die Makronen auskühlen, Kuvertüre im Wasserbad verflüssigen.

Makronen mit der Unterseite leicht in die Flüssigkeit tauchen und zum Trocknen auf ein Pralinengitter setzen.

Zum Schluß können die Kokosmakronen mit einem Hauch Kakaopulver bestäubt werden.

HIMBEERPLÄTZCHEN

Zutaten für etwa 50 Stück:
3 Eier
250 g Zucker
4 EL Himbeermarmelade
250 g Mehl
Zum Füllen:
Himbeermarmelade oder Zuckerguß
Backtemperatur: vorheizen auf 160–180 °C,
Gas Stufe 1–2

Himbeerplätzchen sind leicht und locker, sie verbreiten feinen Himbeerduft, besonders wenn sie mit Waldhimbeermarmelade gebacken wurden. Mit einem Marmeladetupfer obendrauf schmecken sie noch saftiger und fruchtiger.

Eier zusammen mit Zucker schaumig rühren. Marmelade und gesiebtes Mehl zugeben und alles glattrühren.

Backblech mit Backtrennpapier auslegen.

Mit zwei Löffeln runde Teighäufchen auf das Backblech setzen, dazwischen die Löffel immer wieder in Wasser tauchen.

Plätzchen über Nacht abtrocknen lassen.

Wenn Sie die Plätzchen mit Himbeermarmelade oder mit Zuckerguß verzieren wollen, vor dem Backen mit einem Kochlöffelstiel kleine Vertiefungen in den Teig drücken und Marmelade mit der Spritztüte hineinfüllen.

Backofen auf 160–180 °C, Gas Stufe 1–2 vorheizen und Himbeerplätzchen auf der mittleren Schiebeleiste ungefähr 12 Minuten backen. Sie dürfen aber nicht dunkel werden.

INGWERWÜRFEL

Zutaten für etwa 50 Stück:
150 g Mehl
180 g ungeschälte, geriebene Mandeln
100 g Zucker
1 Messerspitze gemahlener Ingwer
140 g Butter
Zum Verzieren:
Schokoladenkuvertüre
30 g kleingeschnittener, kandierter Ingwer
Backtemperatur: vorheizen auf 180 °C,
Gas Stufe 2

Ingwerwürfel schmecken gerade nach einem üppigen Weihnachtsessen köstlich erfrischend und helfen dabei, die gute Gans zu verdauen. Die in Zuckersirup eingelegten Wurzelknollen stammen von einer tropischen Schilfstaude. Ihr Aroma ist würzig-scharf und läßt sich trefflich mit Schokolade kombinieren.

Mehl auf ein Backbrett sieben. Mandeln, Zukker, gemahlenen Ingwer und kleingeschnittene Butter dazugeben. Alles zu einem festen Teig verkneten.
Aus dem Teig einen länglichen Block von etwa 2,5 x 2,5 cm Seitenfläche formen.
So lange kaltstellen, bis die Masse schnittfest ist.
1 cm dicke Scheibchen abschneiden und auf ein Blech mit Backtrennpapier legen.
Backofen auf 180 °C, Gas Stufe 2 vorheizen und auf der mittleren Schiene 8 Minuten lang backen.
Ingwerwürfel gut auskühlen lassen.
Inzwischen Kuvertüre im Wasserbad erwärmen.
Mit einem Teelöffel etwas Kuvertüre über jeden Würfel geben und mit je einem Stückchen kandiertem Ingwer verzieren.

SCHOKOLADENSCHÄUMCHEN

Zutaten für etwa 300 g Baisermasse:
4 Eiweiß
1 TL Zitronensaft
250 g Zucker
nach Bedarf feingeriebene Schale
von 1 unbehandelten Zitrone
Zum Verzieren: Schokoladenkuvertüre
bunter Streuzucker
Für das Blech: Mehl
Backtemperatur: vorheizen auf 100 °C,
Gas Stufe 1

Beim Herstellen von Baisermasse müssen wir darauf achten, daß keine Spur von Eigelb beim Eiweiß bleibt, sonst wird die Masse nicht fest. Am besten schlägt man Baisermasse in einem kupfernen Schlagkessel mit einem Schneebesen – ja, wirklich – von Hand.

Das Eiweiß sollte sehr kalt sein. Es wird mit dem Zitronensaft zu steifem Schnee geschlagen. Gegen Ende der Rührzeit den Zucker sehr langsam einrieseln lassen und weiterschlagen, bis die Masse ganz steif ist. Nach Belieben kann mit abgeriebener Zitronenschale aromatisiert werden.

Backblech mit Alufolie auslegen und mit Mehl bestäuben.

Eiweiß-Zucker-Mischung in einen Spritzbeutel mit Sterntülle füllen. Mit dem Beutel nicht zu feine Tupfer und Wellen auf das Blech spritzen.

Backofen auf 100 °C, Gas Stufe 1 vorheizen. Schokoladenschäumchen müssen mehr trocknen als backen. Auf der mittleren Schiebeleiste 30 Minuten im Ofen lassen.

Das Gebäck ist fertig, wenn es sich auf der Folie verschieben läßt und beim Anfassen nicht mehr nachgibt. Nach dem Auskühlen die Schokoladenschäumchen auf ein Pralinengitter legen.

Schokoladenkuvertüre im Wasserbad verflüssigen. Die Schäumchen damit glasieren und mit buntem Streuzucker verzieren.

ALBERTLE

Zutaten für etwa 80 Stück:
250 g Butter
250 g Zucker
5 Eier
abgeriebene Schale von 2 ungespritzten Zitronen
500 g Mehl
250 g Stärkemehl
1 TL Natron
Für das Blech:
Butter
Backtemperatur: vorheizen auf 180–200 °C,
Gas Stufe 2–3

Albertle sind Butterkekse. Es lohnt, sie zu Hause zu backen, denn durch frische Butter und Zitronenschale werden sie mürb und bekommen ein feines Aroma. Für Kinder können sie noch mit Glasur bemalt oder mit Schokolade überzogen werden.

Butter glattrühren. Zucker und Eier abwechselnd zugeben und die ganze Masse schaumig rühren.
Mit der abgeriebenen Zitronenschale würzen.
Mehl zusammen mit dem Stärkemehl und dem Natron auf ein Brett sieben und mit der Schaummasse verkneten, bis ein glatter Teig entsteht.
Teig etwa 3 mm dünn ausrollen.
Mit einer Ausstechform runde Kekse mit gewelltem Rand ausstechen.
Mit einem Reibeisen den Albertle ein geometrisches Muster aufdrücken.

Backblech mit Butter bestreichen und Kekse daraufsetzen.
Backofen auf 180–200 °C, Gas Stufe 2–3 vorheizen und auf mittlerer Einschubhöhe 10–12 Minuten backen, bis die Kekse gerade hellgelb sind.

Alles Liebe
zum Geburtstag
wünscht

ZITRONENPLÄTZCHEN

Zutaten für etwa 30 Stück:
200 g Mehl
100 g Puderzucker
150 g Butter
2 EL Zitronensaft
abgeriebene Schale von 1/2 unbehandelten Zitrone
Zum Füllen:
Aprikosenmarmelade
Zum Glasieren:
140 g Puderzucker
2 EL Zitronensaft
Zum Dekorieren:
Spiralen aus unbehandelter Zitronenschale
Backtemperatur: vorheizen auf 200 °C, Gas Stufe 3

Beide Fruchtaromen, die unsere Zitronenplätzchen in wohlschmeckender Kombination auszeichnen, kommen aus dem Süden: Zitronen und Aprikosen. Die Geschmacksverbindung zwischen fruchtig-süß und frisch-sauer macht den besonderen Reiz dieses Gebäcks aus.

Mehl und Puderzucker auf die Arbeitsfläche sieben. Butter darauf in kleinen Flöckchen verteilen. Zitronensaft und Zitronenschale beigeben und alles rasch verkneten.
Eine etwa 3 cm dicke Teigrolle formen und in den Kühlschrank legen. Nach dem Durchkühlen die Rolle in dünne Scheiben schneiden.
Backofen auf 200 °C, Gas Stufe 3 vorheizen. Plätzchen auf ein Backblech mit Backtrennpapier legen. Auf der mittleren Schiebeleiste 15–20 Minuten backen. Plätzchen gut auskühlen lassen.
Zum Füllen Aprikosenmarmelade auf die Plätzchen streichen und jeweils 2 zusammenfügen. Auf das Pralinengitter setzen.
Zum Glasieren Puderzucker sieben und mit dem Zitronensaft glattrühren. Auf die Plätzchen streichen und mit Spiralen von der unbehandelten Zitronenschale verzieren.

SCHOKOTRÜFFEL

Zutaten für etwa 35–40 Stück:
120 g Vollmilchkuvertüre
120 g Halbbitterkuvertüre
40 g Haselnußkrokant
100 g Sahne
60 g Butter
50 g Haselnußnougat
Zum Überziehen:
600 g Vollmilchkuvertüre
Zum Wälzen:
Kokosraspeln
Kakaopulver
Schokoladenstreusel
Haselnußkrokant

Aus der Kakaobohne werden nach Reinigung, Gärung, mildem Rösten und Mahlen Kakaobutter und Kakaopulver, die Ausgangsstoffe für Schokolade und Schokoladenkuvertüre.

Vollmilch- und Halbbitterkuvertüre kleinhakken. Haselnußkrokant fein zerstoßen. Dazu wird er in einen Frischhaltebeutel gepackt und mit dem Nudelholz gerollt.
Backblech mit Frischhaltefolie auslegen.
In einem Topf Sahne bis zum Kochen erhitzen. Butter einrühren und Topf vom Herd nehmen. Kuvertürenbrösel in der Flüssigkeit auflösen. Nougat zugeben und alles glattrühren. Zuletzt zerstoßenen Krokant einrühren.
Konfektmasse 1 cm hoch auf die Frischhaltefolie streichen. Mit einer zweiten Frischhaltefolie abdecken und einen Tag lang in einem kühlen Raum stehen lassen.
Etwa 2 x 2 cm große Würfel abschneiden und mit den Händen zu Kugeln formen. Falls die Hände zu warm sind, mit wenig Puderzucker bestäuben und verreiben.
Kugeln auf Backtrennpapier legen.
Im Wasserbad die Vollmilchkuvertüre verflüssigen, Schokoladenkugeln auf Pralinen- oder Kuchengabeln aufspießen und in die Kuvertüre tauchen.
Anschließend Trüffel in Kokosraspeln, Kakaopulver, Schokoladenstreuseln oder Haselnußkrokant wälzen.
Auf einem Pralinengitter fest werden lassen und in Papierförmchen präsentieren.

PFEFFERTALER

Zutaten je nach Model für etwa 60–80 Stück:
6 Eigelb
580 g Zucker
5 Eiweiß
100 g geschälte, geriebene Mandeln
40 g feingehacktes Orangeat
80 g feingehacktes Zitronat
3 TL gemahlener Zimt
1 TL gemahlene Nelken
1 EL gemahlener Kardamom
1 Messerspitze weißer Pfeffer
640 g Mehl
Backtemperatur: vorheizen auf 140 °C,
Gas Stufe 1

Schon im 11. Jahrhundert, so wird vom Kloster Tegernsee berichtet, wurden dort *pheforceltum*, also Pfefferzelten gebacken. Damals wurden einfach alle Gewürze nach dem wertvollen Pfeffer benannt. Der Hauch weißer Pfeffer in diesem Rezept ist also nicht unbedingt Ursache für den Namen, viel eher die vielen fremden Gewürze, die Duft und Aroma verleihen.

Eigelb mit Zucker schaumig rühren, bis die Masse hell wird.

Eiweiß steifschlagen und unterziehen. Mandeln, Orangeat, Zitronat und Gewürze zufügen und vermengen.

Mehl sieben. Eine Hälfte des Mehls nach und nach unterrühren. Die andere Hälfte auf ein Backbrett schütten und mit der Teigmasse verkneten. Eine Kugel aus dem Teig formen und zugedeckt mindestens 1 Stunde ruhen lassen.

Teig 1 cm dick ausrollen. Kleine Teigflecken abschneiden und in einen Holzmodel drücken oder runde Taler ausstechen.

Plätzchen auf ein mit Backtrennpapier ausgelegtes Blech setzen und über Nacht in einem kühlen Raum trocknen lassen.

Am anderen Tag Backofen auf 140 °C, Gas Stufe 1 vorheizen und auf der mittleren Schiene erst einige Probeplätzchen backen. Wenn sich kein Füßchen bildet, sind sie zu trocken geworden und müssen auf der Unterseite befeuchtet werden.

Bevor die Pfeffertaler zum Lagern eingepackt werden, sollten sie einige Tage offen liegenbleiben, damit sie mürb werden.

FEIGENSCHÄUMCHEN

Zutaten für etwa 100 Stück:
6 große, frische Feigen
60 g Zucker
4 Eiweiß
400 g Puderzucker
Saft und abgeriebene Schale von 1/2 unbehandelten Zitrone
600 g geschälte, gemahlene Mandeln
Backtemperatur: vorheizen auf 160 °C,
Gas Stufe 1

Lange Zeit kannten wir nur die getrocknete, zuckersüße türkische Feige. In den letzten Jahren kommen immer häufiger, fast während des ganzen Jahres, frische Feigen auf den Markt. Der Baum mit den gefingerten Blättern blüht nämlich dreimal im Jahr. Und daher gibt es Frühfeigen, Sommerfeigen in der Haupternte und Spätfeigen. Besonders die blauen oder grünen mit dem dunkelroten Kernhaus sehen schön exotisch aus und schmecken, wenn sie richtig reif sind, sanft-fruchtig.

Feigen schälen. Zusammen mit dem Zucker unter Rühren erhitzen und 8–10 Minuten köcheln lassen. Fruchtmark abkühlen lassen. Durch ein feines Sieb passieren und beiseite stellen.
Eiweiß und gesiebten Puderzucker mit dem Handrührgerät schaumig rühren.
Mit einem Schneebesen Zitronensaft, Zitronenschale, Feigenmark und Mandeln unter die Masse ziehen.
Blech mit Backtrennpapier auslegen. Mit zwei feuchten Teelöffeln kleine Teighäufchen auf das Blech setzen und 2 Stunden abtrocknen lassen.
Backofen auf 160 °C, Gas Stufe 1 vorheizen und auf mittlerer Einschubhöhe 20 Minuten backen.

GEFÜLLTE DATTELN

Zutaten für etwa 20 Stück:
300 g getrocknete Datteln
125 g Marzipanrohmasse
1 EL Apricot Brandy
60 g Puderzucker
Streifen von Orangeat und Zitronat
Zum Eintauchen:
Bitterschokolade

Die honigbraune getrocknete Naturdattel stammt aus Nordafrika. Die Marzipanfüllung, die mit Orangeat und Zitronat angereichert ist, verleiht ihrem Fruchtgeschmack einen exotischen Reiz.

Datteln längs aufritzen und Kern herauslösen. Marzipanrohmasse mit Apricot Brandy und Puderzucker verkneten.
Masse zu einer dünnen Wurst rollen. Wurst in Stücke schneiden, die so lang wie Datteln sind.
In jedes Marzipanstückchen einen Orangeat- oder Zitronatstreifen eindrücken. Damit die Datteln füllen.

Die bittere Schokolade im Wasserbad schmelzen. Gefüllte Datteln in die Schokolade tauchen und auf einem Pralinengitter fest werden lassen.

HIMBEERSCHNITTEN

Zutaten für etwa 60 Stück:

Für den Mürbteig:

200 g Mehl
100 g Zucker
1 Ei
1 Eigelb
100 g Butter

Für die Makronenmasse:

2 Eiweiß
125 g Zucker
125 g geschälte, geriebene Mandeln
3 EL Himbeermarmelade

Für den Zuckerguß:

125 g Puderzucker
3 EL Zitronensaft

Backtemperatur: vorheizen auf 160 °C,
Gas Stufe 1

Himbeeren sind unsere aromatischste Beerenart, besonders wenn sie vollreif im Wald gepflückt wurden. Wenn möglich, wasche ich sie vor dem Einkochen nicht, dann bleiben der aromatische Duft und das volle Aroma erhalten.

Mehl sieben und eine Vertiefung in die Mitte drücken. Zucker, Ei und Eigelb hineingeben.

Kalte Butter in Flöckchen darauf verteilen. Alles mit einem Messer durchhacken und schnell verkneten. Eine Teigkugel formen und im Kühlschrank fest werden lassen.

Inzwischen Makronenmasse vorbereiten. Eiweiß zu Schnee schlagen. Zucker einrieseln lassen und weiterschlagen, bis die Masse nicht mehr fließt. Mandeln und Himbeermarmelade unterziehen.

Mürbteig etwa 1/2 cm dick ausrollen und in 5 Zentimeter breite Streifen schneiden.

Backofen auf 160 °C, Gas Stufe 1 vorheizen.

Blech mit Backtrennpapier auslegen. Teigstreifen auf das Backblech setzen und auf der mittleren Schiene 8–10 Minuten backen.

Makronenmasse auf die halbfertigen Streifen streichen.

Nochmals in den Ofen schieben und backen, bis sie goldfarben sind. Gut auskühlen lassen.

Unterdessen aus dem Puderzucker und dem Zitronensaft einen Guß rühren. Die abgekühlten Streifen damit glasieren und in 2 cm breite Stükke schneiden.

SUSES APFELBROT

Zutaten für 3 Kastenformen:
1,5 kg geschälte, vom Kernhaus befreite, mürbe Äpfel
abgeriebene Schale von 1 Zitrone
500 g Zucker
250 g Sultaninen
100 g gewürfeltes Orangeat
100 g gewürfeltes Zitronat
250 g Trockenpflaumen
250 g Trockenaprikosen
1 kg Mehl
3 Päckchen Backpulver
2 EL Kakao
250 g ganze Mandeln
1 Gläschen Kirschwasser
1 TL Zimt
je 1 Messerspitze gemahlene Nelken, Anis und Kardamom oder 2 Päckchen Lebkuchengewürz
Für die Kastenformen:
Butter
Paniermehl
Backtemperatur: vorheizen auf 200 °C,
Gas Stufe 3

Suse bringt „ihr" Apfelbrot immer mit zur Weinlese. Abends, nach einem langen Lesetag, zum Abschluß des herzhaften toskanischen Weinbauernmahls schmeckt es voll und köstlich frisch wie der junge Herbstmorgen, reif, aromatisch und süß wie Äpfel und Trauben in vollen Körben.

Geschälte Äpfel sehr fein schneiden.
Mit Zitronenschale, Zucker und Trockenfrüchten in eine Schüssel geben und über Nacht zum Saftziehen stehen lassen.

Am nächsten Tag Mehl mit Backpulver mischen und sieben.
Kakao, Mandeln, Kirschwasser, Gewürze und die Obstmasse mit dem Mehl zu einem Teig verkneten.
Kastenformen mit Butter einfetten und mit Paniermehl ausstreuen.
Backofen auf 200 °C, Gas Stufe 3 vorheizen.
Teig dreiteilen, in die Formen füllen und Apfelbrote auf der mittleren Schiebeleiste 1 Stunde lang backen.

SANNIS ORANGENSCHNITTEN

Zutaten für 1 Blech:
100 g Butter
1 Päckchen Vanillezucker, 1 Prise Salz
120 g Zucker, 4 Eigelb
Saft von 1 Orange
abgeriebene Schale von 2 unbehandelten Orangen
3 Eiweiß
90 g Mehl, 30 g Speisestärke
100 g geschälte, geriebene Mandeln
Für die Füllung:
200 g Orangenmarmelade
Für die Glasur:
200 g Puderzucker
4 EL Orangensaft, 6 EL Campari
Zum Verzieren: Mandelsplitter
Orangenschalenstreifen
Für das Blech: Butter und Mehl
Backtemperatur: vorheizen auf 200 °C,
Gas Stufe 3

Butter, Vanillezucker, Salz und die Hälfte des Zuckers miteinander verrühren. Nacheinander die Eigelb, Orangensaft und Orangenschale untermengen.

Eiweiß mit dem restlichen Zucker zu Schnee schlagen und locker unter die Butter-Ei-Masse heben.

Mehl und Speisestärke darübersieben und Mandeln zufügen. Alles vorsichtig einarbeiten.

Backofen auf 200 °C, Gas Stufe 3 vorheizen.

Teig 1 cm dick auf das gefettete und bemehlte Blech streichen.

Auf der mittleren Schiebeleiste 10 Minuten backen. Auf dem Blech etwas abkühlen lassen, dann auf die Arbeitsfläche stürzen.

Nach etwa 2 Stunden Ruhezeit die Platte waagerecht durchschneiden und die Hälften auseinanderklappen.

Eine Hälfte mit der Marmelade bestreichen und auf die andere Hälfte legen. Anschließend Rauten mit etwa 2–3 cm Kantenlänge schneiden.

Puderzucker sieben, mit Orangensaft und Campari verrühren. Rauten mit der Glasur überziehen.

Orangenschnitten mit Mandelstückchen und Orangenschalenstreifen dekorieren.

BÄRENTATZEN

Zutaten für etwa 40–45 Stück:
3 Eiweiß
220 g Zucker
100 g geriebene, bittere Schokolade
250 g ungeschälte, gemahlene Mandeln
abgeriebene Schale von 1 unbehandelten Zitrone
je 1/2 TL gemahlener Zimt und Piment
Für die Form:
Zucker zum Ausstreuen
Für das Blech:
Butter und Mehl
Backtemperatur: vorheizen auf 180 °C,
Gas Stufe 2

Gelegentlich werden Bärentatzen auch Mandelmuscheln genannt. Sie sind ein gehaltvolles Gebäck, das erst nach etwa 14 Tagen sein volles Aroma erreicht.

Eiweiß zu festem Schnee schlagen, dabei nach und nach etwa 2/3 des Zuckers zugeben.

Geriebene Schokolade, gemahlene Mandeln, Zitronenschale, Zimt und Piment mit dem restlichen Zucker vermischen und behutsam unter das steife Eiweiß heben.

Mit einem Teelöffel jeweils so viel Teig abnehmen, wie in einen Model paßt. Mit der Hand kleine Kugeln daraus formen.

Model mit Zucker ausstreuen und Teigkugeln hineindrücken.

Zum Herauslösen Kante der Form gegen die Arbeitsfläche klopfen, so daß die Plätzchen leicht in die offene Hand fallen.

Die geformten Bärentatzen auf ein gefettetes und bemehltes Backblech setzen und über Nacht abtrocknen lassen.

Am nächsten Tag Backofen auf 180 °C, Gas Stufe 2 vorheizen und auf der mittleren Schiebeleiste 15 Minuten backen.

Die Oberfläche der Bärentatzen sollte eine feine Kruste haben, das Innere allerdings noch weich sein.

DATTELMAKRONEN

Zutaten für etwa 70 Stück:
3 Eier
300 g Zucker
2 EL Vanillezucker
300 g gemischte, fein gemahlene Nüsse
300 g entkernte, kleingeschnittene Datteln
runde Oblaten
Backtemperatur: vorheizen auf 130–140 °C,
Gas Stufe 1

Diese Makronenmasse können Sie für schöpferische Variationen eigener Makronensorten mit verschiedenen Trockenfrüchten wie etwa getrockneten Aprikosen, Feigen, Bananen, Sultaninen oder Backpflaumen abwandeln.

Eier, Zucker und Vanillezucker schaumig rühren.
Nüsse und Datteln vorsichtig unterheben.
Mit zwei nassen Teelöffeln kleine Teighäufchen auf Oblaten setzen.
Backofen auf 130–140 °C, Gas Stufe 1 vorheizen und Makronen auf der mittleren Schiebeleiste 15–20 Minuten backen.

LINZER RINGE

Zutaten für etwa 50 Stück:
4 hartgekochte Eigelb
120 g Puderzucker
200 g weiche Butter
300 g Mehl
1 Prise Salz
2 Päckchen Vanillezucker
Zum Verzieren: 1 Eigelb
120 g ungeschälte, feingehackte Mandeln
Zum Füllen: 1/2 Tasse Heidelbeermarmelade
Backtemperatur: vorheizen auf 180 °C,
Gas Stufe 2

Bei diesen köstlichen Kringeln entsteht durch die hartgekochten Eigelb ein sehr feiner, mürber Teig. Linzer Art ist bei diesen Plätzchen die Verwendung von Mandeln und die delikate Zwischenschicht aus aromatischer Heidelbeermarmelade.

Hartgekochte Eigelb durch ein Haarsieb passieren. Puderzucker sieben. Eigelb mit 2/3 der Puderzuckermenge und mit Butter schaumig rühren.
Restlichen Puderzucker, gesiebtes Mehl, Salz und Vanillezucker zugeben und alles gut verkneten.
Teig in Klarsichtfolie einschlagen und für etwa 2 Stunden in den Kühlschrank stellen.
Teig etwa 4 mm dick ausrollen. Mit einer Ausstechform Ringe oder mit einem Glas Kreise ausstechen. Dann mit einem kleineren Glas das Innere der Kreise ausstechen, so daß Ringe entstehen.
Zum Verzieren Eigelb verquirlen und auf die Ringe streichen. Teigringe vorsichtig in die gehackten Mandeln drücken.
Backofen auf 180 °C, Gas Stufe 2 vorheizen und Ringe auf ein ungefettetes Blech setzen. Auf der mittleren Schiebeleiste 10 Minuten backen. Mandelringe gut auskühlen lassen.
Heidelbeermarmelade glattrühren. Jeden zweiten Mandelring auf der Unterseite dünn mit der Marmelade bestreichen und auf einen unbestrichenen drücken.

FEIGENWURST
UND
QUITTENSPECKLE

Zutaten für 1 große Feigenwurst:

- 250 g getrocknete Feigen
- 100 g entsteinte Trockenpflaumen
- 100 g getrocknete Aprikosen
- 3 EL Kirschwasser
- 3 EL Zitronensaft
- 1/8 Liter kräftiger Rotwein
- 25 g Zitronat
- 25 g Orangeat
- 75 g feingehackte Mandeln
- 2 EL Honig

Stielansätze von den Feigen entfernen.
Feigen, Pflaumen und Aprikosen kleinschneiden, mit Kirschwasser, Zitronensaft und Rotwein übergießen. Früchte über Nacht einweichen lassen.

Zitronat und Orangeat in sehr feine Streifen schneiden.

Am nächsten Tag die eingeweichten Früchte mit dem Mixstab pürieren.

Orangeat, Zitronat, Mandeln und Honig zufügen.

Alles gut verkneten. Die Masse einige Stunden abtrocknen lassen.

Auf Pergamentpapier geben und mit angefeuchteten Händen eine Wurst formen. Wurst in das Papier einschlagen. Oben und unten mit Garn zubinden und einige Tage hängend trocknen lassen.

Zum Servieren in Scheiben schneiden.

Zutaten für 1 Blech Quittenspeckle:

- 2,5 kg Quitten
- Wasser
- pro kg Quittenmark:
- 1 kg Zucker
- 100 g feingewiegtes Zitronat oder Orangeat
- 1 kleiner Schöpflöffel vom Kochwasser
- 1 Gläschen Quitten- oder Birnengeist
- eventuell Zucker

Quitten mit feuchtem Tuch sorgfältig abreiben, von Stiel und Blüte befreien, waschen und in einem Topf mit kaltem Wasser zum Kochen bringen.

Sobald die Quitten weich sind, Haut abziehen und Kernhaus entfernen. Früchte im Mixer feinpürieren oder durch ein Sieb streichen.

Das entstandene Quittenmark abwiegen und die entsprechende Menge Zucker sowie Zitronat oder Orangeat und Kochwasser zufügen.

Alles in einen Topf geben. Bei mäßiger Hitze unter Rühren so lange einkochen lassen, bis die Masse in Klumpen vom Löffel fällt.

Quitten- oder Birnengeist unterrühren.

Eine viereckige Form oder einfach eine Marmor- oder Glasplatte mit kaltem Wasser abspülen und etwa 1–1 1/2 cm hoch mit der glänzenden rotbraunen Quittenmasse bestreichen. Glattstreichen und bei Zimmertemperatur 6–8 Tage trocknen lassen. Ist die Masse fest genug, wird sie mit scharfem Messer in kleine Rauten geschnitten. Messer dabei immer wieder in kaltes Wasser tauchen. Nach Belieben die Quittenspeckle noch in Zucker wenden.

CHRISTSTOLLEN

Zutaten für 2 Stollen:
- 350 g Rosinen
- 100 g geschälte, gehackte Mandeln
- 50 g gewürfeltes Zitronat
- 100 g gewürfeltes Orangeat
- 6 cl Rum
- 1 kg Mehl, 100 g Hefe
- 0,4 Liter lauwarme Milch, 100 g Zucker
- 1 Vanilleschote, 2 Eier
- abgeriebene Schale von 1 unbehandelten Zitrone
- 1 TL Salz
- 300 g weiche Butter, 200 g Mehl

Zum Bestreichen: 150 g Butter
Zum Bestreuen: Vanillezucker aus 1 Vanilleschote und 150 g Zucker
Für das Blech: Pergamentpapier und Butter
Backtemperatur: vorheizen auf 200 °C, Gas Stufe 3

Rosinen waschen und zusammen mit Mandeln, Zitronat, Orangeat und Rum durchziehen lassen. Mehl in eine Schüssel sieben, in die Mitte eine Vertiefung drücken, Hefe hineinbröckeln, mit lauwarmer Milch und 1 Teelöffel Zucker verrühren. Diesen Ansatz mit Mehl bestäuben, abdecken und 20 Minuten gehen lassen.

Vanilleschote der Länge nach aufschlitzen und Mark herauskratzen. Vanillemark, Zucker, Eier, Zitronenschale und Salz zum Hefeansatz geben und alles zu festem Teig kneten. Teig wieder 10–15 Minuten gehen lassen. Butter mit der zweiten Portion Mehl verkneten und gründlich in den Hefeteig einarbeiten, wieder 15 Minuten gehen lassen.

Rumgetränkte Früchte einkneten und Stollenteig weitere 10–15 Minuten gehen lassen. Teig teilen und aus jeder Hälfte eine 30 cm lange Wurst rollen, dick auswellen. Die Mitte dünner auswellen als die Längsseiten. Teig längs zur typischen Stollenform einschlagen.

Backblech mit eingefettetem Pergamentpapier oder Backtrennpapier auslegen. Stollen auf das Blech setzen und mit einem Tuch abdecken, 20–30 Minuten gehen lassen.

Backofen auf 200 °C, Gas Stufe 3 vorheizen und den Stollen etwa 60 Minuten backen. Vor dem Herausnehmen mit einem Holzstäbchen prüfen, ob kein Teig mehr daran hängenbleibt. Butter zerlassen und warmen Stollen damit bepinseln. Mit Vanillezucker bestreuen.

In Klarsichtfolie eingepackt mindestens 14 Tage vor dem Anschneiden lagern.

SPRITZGEBÄCK
UND
VANILLEPLÄTZCHEN

Zutaten für etwa 80 Stück Spritzgebäck:

- 125 g feingeriebene Haselnüsse
- 300 g weiche Butter
- 250 g Zucker
- 2 Eigelb
- 1 Ei
- 1 Prise Salz
- 1 EL Vanillezucker
- 500 g Mehl

Zum Verzieren: Schokoladenkuvertüre

Für das Blech: Butter oder Backtrennpapier

Backtemperatur: vorheizen auf 190 °C, Gas Stufe 2–3

Haselnüsse in einer heißen Pfanne leicht anrösten und abkühlen lassen.

Butter, Zucker, Eigelb und Ei schaumig schlagen. Salz und Vanillezucker unterrühren. Geröstete Nüsse und Mehl zu den übrigen Zutaten geben und alles zu einem Mürbteig verkneten. Teig einige Stunden kaltstellen.

Teig durch den Fleischwolf mit Spritzvorsatz drehen. Aus den Teigsträngen Ringe und S formen und auf ein gefettetes oder mit Backtrennpapier ausgelegtes Blech legen.

Nochmals kaltstellen.

Backofen auf 190 °C, Gas Stufe 2–3 vorheizen und auf der mittleren Einschubleiste in 10–15 Minuten backen.

Kuvertüre im Wasserbad verflüssigen. Nach dem Abkühlen der Plätzchen jedes zu etwa einem Drittel in die flüssige Kuvertüre tauchen und auf einem Kuchengitter trocknen lassen.

Zutaten für etwa 75 Vanilleplätzchen:

- 330 g Mehl, 280 g Butter
- 120 g Puderzucker
- 120 g abgezogene, feingemahlene Mandeln
- Mark von 1 Vanilleschote
- 1 EL Rum
- abgeriebene Schale von 1 unbehandelten Zitrone
- 1 Prise Salz
- 200 g Marzipanrohmasse
- 2 Eigelb
- 2 EL Aprikosengeist
- 1 Tasse Quittengelee

Zum Verzieren: ganze Haselnüsse

Backtemperatur: vorheizen auf 200 °C, Gas Stufe 3

Mehl, Butter, Puderzucker, Mandeln, Vanillemark, Rum, Zitronenschale und Salz in eine Schüssel geben, mit den Knethaken des Handrührgerätes zu einem glatten Teig verarbeiten. Teig zu einer Kugel formen und in Klarsichtfolie über Nacht im Kühlschrank kaltstellen. Am nächsten Tag Marzipanrohmasse zerbröckeln, mit Eigelb und Aprikosengeist zu einer homogenen Masse verrühren. In Spritzbeutel füllen und bereitlegen.

Plätzchenteig auf der bemehlten Arbeitsfläche 2–3 mm dünn ausrollen. Sterne ausstechen und auf ein Blech mit Backtrennpapier legen. Sterne mit einer Gabel einstechen. Quittengelee glattrühren und dick auf Plätzchen streichen. Marzipantupfer in die Mitte der Gebäckstücke spritzen und eine Haselnuß hineindrücken.

Backofen auf 200 °C, Gas Stufe 3 vorheizen und 12 Minuten auf mittlerer Schiebeleiste backen.

HUTZELBROT

Zutaten für 1–2 Brote:
250 g Rosinen
125 g getrocknete und gewürfelte Aprikosen
125 g Korinthen
250 g Haselnüsse
50 g gewürfeltes Zitronat
50 g gewürfeltes Orangeat
1/8 Liter Zwetschgenwasser
250 g getrocknete Birnen
250 g getrocknete Pflaumen ohne Stein
250 g entsteinte Datteln
250 g Zucker
1/2 Liter Wasser
50 g Hefe
250 g Mehl
je 1 EL Zimt und Aniskörner
je 1 Messerspitze gemahlene Nelken, Ingwerpulver und Kardamom
Für das Blech:
Butter
Backtemperatur: vorheizen auf 200 °C,
Gas Stufe 3

Hutzeln nennt man die geschälten und getrockneten Dörrbirnen, die lange Zeit vor dem Tiefgefrieren und Einkochen nach diesem altbewährten Verfahren konserviert wurden. Zusammen mit Dörrzwetschgen hat man sie dann eingeweicht und aufgekocht. Im ländlichen Haushalt waren sie lange Zeit das einzige Obst im Winter. Im Gegensatz zum Lebkuchen, dessen Süße vom Honig kommt, wurde Hutzelbrot früher nur durch die getrockneten Früchte gesüßt.

Rosinen, getrocknete Aprikosen und Korinthen waschen. Trockenfrüchte zusammen mit ganzen Nüssen, Zitronat und Orangeat in einer Schüssel mit Zwetschgenwasser übergießen und über Nacht ziehen lassen.
Am nächsten Tag getrocknete Birnen, Pflaumen und Datteln in Würfel schneiden.
Mit Zucker und 1/2 Liter Wasser aufkochen. Damit die Früchte nicht zerfallen, sofort nach dem Aufkochen zum Abtropfen auf ein Sieb geben.
Saft auffangen und abkühlen lassen. Wenn er gerade noch lauwarm ist, 1/4 Liter davon nehmen und Hefe darin auflösen.
Aus der Hefe-Saft-Mischung und Mehl einen weichen Teig kneten. An einem warmen Ort etwa 30 Minuten gehen lassen.
Alle Früchte in eine große Schüssel geben und mit Zimt, Anis, Nelken, Ingwer und Kardamom würzen.
Hefeteig darübergleiten lassen und alles vorsichtig miteinander vermengen. Es entsteht ein feuchter, klebriger Teig.
Nach Belieben ein oder zwei Brotlaibe formen und auf ein gefettetes Backblech setzen.
Backofen auf 200 °C, Gas Stufe 3 vorheizen und Hutzelbrot auf der Mittelschiene 1 Stunde und 15 Minuten backen.
Nach 40 Minuten Brot mit Pergamentpapier abdecken.
Nach dem Backen die noch warmen Hutzelbrote mit dem restlichen Fruchtsaft bestreichen.

VANILLEBREZELN

Zutaten für etwa 40 Stück:
300 g Mehl
100 g Zucker
Mark von 2 Vanilleschoten
1 Prise Salz
1 EL Zitronensaft
150 g Butter
1 Eiweiß
Zum Wälzen:
150 g Zucker, aromatisiert mit dem Mark von
1 Vanilleschote
Für das Blech: Butter
Backtemperatur: vorheizen auf 180 °C,
Gas Stufe 2

Vielleicht stimmt es, daß die Brezel ihren Namen vom lateinischen *brachitum* hat, was soviel wie „die verschlungenen Arme" bedeutet. Aber genausogut kann ihre Form eine Nachbildung des Strickes sein, mit dem Bösewichte gefesselt wurden. Auf jeden Fall wissen wir, daß sie seit dem 10. Jahrhundert in den Klöstern bekannt war und hauptsächlich als Fastengebäck hergestellt wurde.

Mehl auf eine Arbeitsplatte sieben. Zucker, Vanillemark, Salz und Zitronensaft zufügen. Kalte Butter in Flöckchen darauf verteilen. Mit einem großen Messer gut durchhacken.

Eiweiß leicht schaumig schlagen und zu den anderen Zutaten geben.

Mit den Händen alles schnell zu einem glatten Teig verkneten. Eine Teigkugel formen und zugedeckt 1 Stunde kaltstellen.

Nach der Ruhezeit eine etwa 2 cm dicke Teigplatte ausrollen. Mit einer Form die Brezeln ausstechen.

Backofen auf 180 °C, Gas Stufe 2 vorheizen.

Backblech buttern oder mit Backtrennpapier auslegen. Brezeln auf das Blech legen und auf der Mittelschiene 12–15 Minuten backen.

Die noch heißen Brezeln vorsichtig im Vanillezucker wenden.

NUSSHÜTCHEN

Zutaten für etwa 60 Stück:
100 g Haferflocken
3 Eiweiß
150 g Zucker
1 EL Vanillezucker
100 g gemahlene Walnüsse
1 EL Zitronensaft
1 TL geriebene, unbehandelte Zitronenschale
kleine, runde Oblaten
Backtemperatur: vorheizen auf 180 °C,
Gas Stufe 2

Haferflocken in einer Pfanne ohne Fett leicht rösten und erkalten lassen.

Das gut gekühlte Eiweiß zusammen mit einem Eßlöffel Zucker schaumig schlagen. Restlichen Zucker und Vanillezucker hinzufügen. Die Masse weiterschlagen, bis sie fest wird.

Haferflocken, Walnüsse, Zitronensaft und Zitronenschale unterziehen.

Mit zwei in Wasser getauchten Teelöffeln kleine Teighäufchen auf die Oblaten setzen.

Backofen auf 180 °C, Gas Stufe 2 vorheizen und auf der mittleren Einschubleiste 10 Minuten backen.

Die Nußhütchen müssen gut auskühlen und einige Tage offen stehen, bevor sie verpackt werden können.

FLORENTINER
UND
ZEDERNBROT

Zutaten für etwa 15 große oder
30 kleine Florentiner:
100 g Butter, 150 g Zucker
50 g Honig
1/8 Liter Sahne
abgeriebene Schale von 1/2 unbehandelten Zitrone
1 Messerspitze Salz
180 g Mandelblättchen
30 g feingehacktes Orangeat
Zum Glasieren:
100 g Schokoladenfettglasur
Für das Blech: Butter und Mehl
Backtemperatur: vorheizen auf 190 °C,
Gas Stufe 2–3

Butter, Zucker, Honig, Sahne, Zitronenschale und Salz in einen Topf geben und unter Rühren aufkochen lassen. Die Masse dann noch 4–5 Minuten leicht köcheln.

Mandelplättchen und Orangeat dazugeben und den Topf vom Herd nehmen.

Florentinerteig eßlöffelweise mit großen Abständen auf das gefettete und mit Mehl bestäubte Backblech geben.

Anschließend den Löffel anfeuchten und die Mandelhäufchen glatt- und rundstreichen.

Backofen auf 190 °C, Gas Stufe 2–3 vorheizen und die Florentiner auf der mittleren Einschubhöhe 10–15 Minuten backen, bis sie knusprig sind und braun werden.

Auf einem Kuchengitter gut auskühlen lassen.

Die Schokoladenfettglasur verflüssigen. Die Unterseite der Florentiner dick damit bestreichen. Mit einem Garnierkamm Wellenlinien in die Glasur ziehen und fest werden lassen.

Zutaten für etwa 40 Stück Zedernbrot:
3 Eiweiß
350 g Puderzucker
2 Päckchen Vanillinzucker
1 EL Zitronensaft
abgeriebene Schale von 1 Zitrone
etwas Bittermandelöl
500 g geschälte, feingemahlene Mandeln
Für den Guß:
125 g Puderzucker
3 EL Zitronensaft oder Kirschwasser
Backtemperatur: vorheizen auf 150 °C,
Gas Stufe 1

Eiweiß zu steifem Schnee schlagen. Nach und nach Puderzucker und Vanillezucker einrieseln lassen und verrühren.

Zitronensaft, Zitronenschale und Bittermandelöl unterrühren.

400 g von den gemahlenen Mandeln in kleinen Portionen einarbeiten. Den Rest auf ein Backbrett streuen.

Teig auf dem Backbrett 6 mm stark ausrollen oder plattdrücken.

Mit einer Form Halbmonde ausstechen und auf das mit Backtrennpapier ausgelegte Blech legen.

Backofen auf 150 °C, Gas Stufe 1 vorheizen und auf der mittleren Schiene 15–20 Minuten hell backen. Die Monde gut auskühlen lassen.

Inzwischen aus Puderzucker und Zitronensaft oder Kirschwasser einen Guß rühren. Mit einem Backpinsel den Guß auf die Monde streichen und trocknen lassen.

SCHOKOLEBKUCHEN

Zutaten für etwa 40 Stück:
- 350 g Zucker
- 5 Eier
- 300 g gemahlene Haselnüsse
- 150 g Mehl
- 60 g feingewürfeltes Zitronat
- 60 g feingewürfeltes Orangeat
- 60 g Kakao
- 2 TL gemahlener Zimt
- je 1/4 TL gemahlene Nelken und Piment
- rechteckige und quadratische Oblaten

Zum Verzieren:
- 2 Eiweiß
- 1 TL Zitronensaft
- 100 g Puderzucker
- ganze Haselnüsse

Backtemperatur: vorheizen auf 180 °C, Gas Stufe 2

Zucker und Eier in einer Schüssel im Wasserbad schaumig rühren. Schüssel vom Wasserbad nehmen und weiter schlagen, bis die Masse wieder abgekühlt ist.

Haselnüsse mit Mehl, Zitronat, Orangeat, Kakao und Gewürzen mischen und unter die Zucker-Ei-Masse heben.

Rechteckige Oblaten diagonal durchschneiden. Teig mit zwei feuchten Löffeln auf die Oblaten geben. Mit einem feuchten Messer oder einer Palette schräg zur Mitte glattstreichen. Lebkuchen über Nacht abtrocknen lassen.

Am nächsten Tag Backofen auf 180 °C, Gas Stufe 2 vorheizen und auf der mittleren Schiebeleiste 10 Minuten backen. Blech herausnehmen und etwas abkühlen lassen.

Zum Verzieren aus Eiweiß, Zitronensaft und Puderzucker eine steife Baisermasse schlagen.

Die Masse in einen Spritzbeutel mit kleiner Sterntülle füllen und auf jeden Lebkuchen eine Baiserrosette spritzen. Zum Schluß mit einer Haselnuß krönen.

Backofen auf 140 °C, Gas Stufe 1 heizen und Schokolebkuchen in 10–15 Minuten fertigbacken.

ROSINENGUTSLE

Zutaten für etwa 40 Stück:
150 g Rosinen
3 EL Rum
125 g weiche Butter
125 g Zucker
2 kleine Eier
je 1 Prise Salz und gemahlene Nelken
1 Prise Backpulver
250 g Mehl
Zum Bestäuben:
Puderzucker
Backtemperatur: vorheizen auf 200 °C,
Gas Stufe 3

Mit Rosinen bezeichnet man alle Arten von getrockneten Weinbeeren. Zum Backen eignen sich die kleinen, dunklen und kernlosen Korinthen aus Korinth in Griechenland und die hellen, großbeerigen Sultanas, die auch ohne Kerne auf den Markt kommen, aus Griechenland, der Türkei oder aus Kalifornien.

Rosinen waschen, mit Rum übergießen und durchziehen lassen.

Butter schaumig rühren, dann Zucker, Eier und Gewürze zugeben. So lange rühren, bis die Masse weiß und cremig ist.

Nach und nach Rumrosinen und gesiebtes, mit Backpulver vermischtes Mehl unterrühren.

Teig in einen Spritzbeutel ohne Tülle geben und in die Förmchen füllen.

Backofen auf 200 °C, Gas Stufe 3 vorheizen. Die Förmchen auf ein Backblech stellen und 10–12 Minuten backen.

Nach dem Abkühlen mit Puderzucker bestäuben.

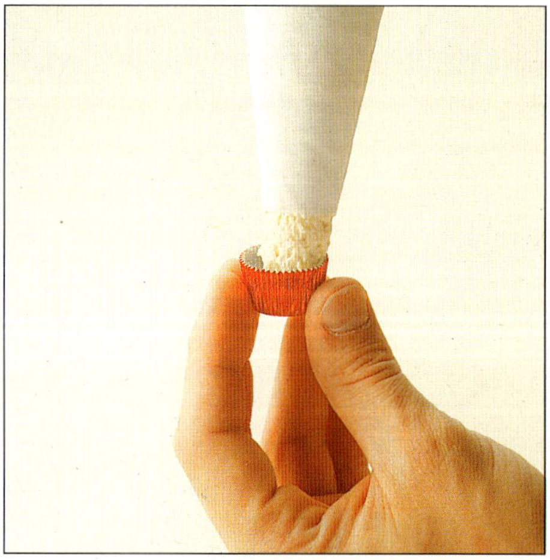

SCHWARZ-WEISS-GEBÄCK

Zutaten für etwa 80 Stück:
300 g Butter
150 g Puderzucker
Mark von 1/2 Vanilleschote
1 Messerspitze Salz
400 g Mehl
40 g Kakao
Zum Bestreichen:
1 Eigelb
etwas Milch
Backtemperatur: vorheizen auf 170 °C,
Gas Stufe 2

Butter, Puderzucker, Vanillemark und Salz cremig rühren. Mehl darübersieben und einkneten. Teig sofort teilen. Eine Hälfte glattkneten, zur Kugel formen und in Folie verpackt kaltstellen.
Über die andere Hälfte Kakao sieben und einarbeiten. Dunklen Teig zur Kugel formen, in Folie einwickeln und kaltstellen.
Schwarz-Weiß-Gebäck erfordert exaktes Ausrollen der Teigstreifen. Damit die Kanten gerade werden, können 1 cm starke Holz- oder Metallleisten als Abstandhalter an den Seiten angelegt werden.
Man kann verschiedene Muster herstellen.

Schwarz-weiße Rolle:
Schwarzen und weißen Teig auf bemehltem Pergamentpapier zu gleich großen Platten ausrollen. Beide Teigplatten übereinanderlegen und fest aufwickeln. In Pergament einschlagen und über Nacht kaltstellen. Am nächsten Tag mit einem Messer Scheiben abschneiden.

Schachbrettmuster:
Vom weißen Teig eine Handvoll abnehmen und beiseite stellen. Beide Teige zu einem Rechteck formen. Je eine 1 cm dicke schwarze und weiße Teigplatte ausrollen. Mit einem Messer Teigplatten in 1 cm breite Stangen schneiden. Eigelb mit Milch verquirlen und Stangen bestreichen. Schwarze und weiße Stangen abwechselnd nebeneinander und übereinander legen. Restlichen weißen Teig 2–3 mm dünn ausrollen. Schwarz-weiße Teigstangen außen ebenfalls mit verquirltem Ei bepinseln. Auf die weiße Platte legen und darin einschlagen.

Über Nacht kaltstellen. Teigblock in 1 cm dicke Scheiben schneiden. Backofen auf 170 °C, Gas Stufe 2 vorheizen. Gebäck mit ausreichendem Abstand auf ein ungefettetes Blech setzen. Im oberen Backofendrittel in 10–14 Minuten hell backen.

MANDELHÖRNCHEN
UND
HAGEBUTTENMAKRONEN

Zutaten für etwa 24 Mandelhörnchen:
- 2 Eiweiß
- 175 g gemahlene Mandeln
- 150 g Zucker
- Vanilleextrakt
- 1 EL passierte Aprikosenmarmelade

Für die Arbeitsplatte:
- Mehl

Zum Wälzen:
- 75 g abgezogene, gehackte Mandeln

Für das Blech:
- Butter

Backtemperatur: vorheizen auf 190 °C, Gas Stufe 2–3

Eiweiß leicht schaumig schlagen und bereitstellen.

Gemahlene Mandeln und Zucker in eine Schüssel geben. 1–2 Tropfen Vanilleextrakt und Marmelade zufügen und alles gut verrühren.

Zwei Drittel des Eiweißes in den Teig einarbeiten, den Rest aufbewahren. Der Teig muß so fest sein, daß er sich mit den Händen formen läßt.

Arbeitsplatte mit Mehl bestäuben. Vom Teig etwa walnußgroße Häufchen abnehmen und auf der Arbeitsplatte zu 8 cm langen Stäbchen rollen.

Jedes Stäbchen mit Eiweiß bestreichen und in gehackten Mandeln wälzen.

Backofen auf 190 °C, Gas Stufe 2–3 vorheizen.

Mandelstäbchen zu Hörnchen biegen und auf ein gefettetes Blech setzen. Auf der mittleren Schiene 10 Minuten backen.

Zutaten für etwa 100 Hagebuttenmakronen:
- 5 Eiweiß
- 500 g Puderzucker
- Abgeriebene Schale und Saft von 1/2 unbehandelten Zitrone
- 80 g Hagebuttenmark
- 600 g geschälte, gemahlene Mandeln

Backtemperatur: vorheizen auf 160 °C, Gas Stufe 1

Eiweiß und Puderzucker schaumig rühren. Eine Tasse voll vom Schaum für die Füllung zurückstellen.

Zitronenschale, Zitronensaft, Hagebuttenmark und Mandeln mit einem Schneebesen vorsichtig unterziehen.

Backblech mit Backtrennpapier auslegen, mit zwei nassen Teelöffeln kleine Häufchen vom Teig abstechen und auf das Blech setzen.

Mit dem Stiel eines Kochlöffels in die Mitte jeder Makrone eine kleine Vertiefung drücken.

Die bereitgestellte Eischneemasse mit einem Teelöffel in die Öffnungen füllen.

Anschließend noch 2 Stunden antrocknen lassen.

Backofen auf 160 °C, Gas Stufe 1 vorheizen und auf der mittleren Schiebeleiste etwa 20 Minuten backen.

ZIMTSTERNE

Zutaten für 60–80 Stück:	
6 Eiweiß	
500 g Puderzucker	
500 g ungeschälte, gemahlene Mandeln	
2–3 TL gemahlener Zimt	
Für die Arbeitsfläche:	
200 g gemahlene Mandeln	
Für das Blech:	
Butter	
Backtemperatur: vorheizen auf 160 °C,	
Gas Stufe 1	

Zimtsterne werden nur bei niedriger Hitze gebacken, damit sich der feine Duft der ätherischen Öle im würzigen Zimt nicht verflüchtigt.

Eiweiß und Puderzucker mit dem elektrischen Handrührgerät oder mit der Küchenmaschine zu sehr festem Schnee schlagen. Vom Eischnee die Menge einer großen Tasse abnehmen und für die Glasur aufbewahren.

Auf der Arbeitsplatte gemahlene Mandeln mit dem Zimt vermischen und zusammen mit dem Eischnee zu einem geschmeidigen Teig verarbeiten.

Arbeitsfläche dünn mit gemahlenen Mandeln bestreuen und den Teig darauf etwa 1 cm dick ausrollen. Frischhaltefolie unter und über dem Teig verhindert das Festkleben. Mit Hilfe von zwei gleich dicken Leisten als Abstandhalter wird die ausgerollte Teigplatte gleichmäßig dick.

Ausgerollte Teigplatte mit dem zurückbehaltenen Eischnee bestreichen. Mit einem Sternförmchen, das zwischendurch immer wieder in kaltes Wasser getaucht wird, die Zimtsterne ausstechen. Auf ein gebuttertes Blech setzen.

Übriggebliebenen Teig mit etwas gemahlenen Mandeln wieder zusammenkneten und erneut ausrollen, mit Eischnee glasieren und ausstechen.

Zimtsterne sollen möglichst über Nacht trocknen.

Backofen auf 160 °C, Gas Stufe 1 vorheizen und auf der mittleren Schiene nur 7–8 Minuten backen, so daß sie schön hell bleiben.

HUSARENKRAPFEN

Zutaten für etwa 60 Stück:	
100 g gemahlene Haselnüsse	
200 g Butter	
100 g Zucker	
2 Eigelb	
Mark von 1 Vanilleschote	
1 Prise Salz	
300 g Mehl	
Zum Bestäuben:	
Puderzucker	
Zum Füllen:	
100 g Aprikosenmarmelade	
2 cl Apricot Brandy	
100 g Johannisbeergelee	
Backtemperatur: vorheizen auf 200 °C, Gas Stufe 3	

Haselnüsse in einer Pfanne unter Rühren kurz rösten, abkühlen lassen.

Butter, Zucker, Eigelb, Vanillemark und Salz miteinander verrühren. Mehl darübersieben, Haselnüsse zufügen und alles zu einem mürben Teig verkneten.

Teig in Klarsichtfolie packen und für 2 Stunden in den Kühlschrank stellen.

Anschließend 2 Rollen zu je 30 cm Länge formen und nochmals 1 Stunde kaltstellen.

Beide Rollen in 1 cm dicke Scheiben schneiden. Die eine Hälfte zu kleinen Kugeln rollen, die andere Hälfte oval ausformen.

Plätzchen mit ausreichendem Abstand auf ein ungefettetes Blech setzen. Mit einem Kochlöffelstiel in jede Kugel eine runde Vertiefung drücken. In die ovalen Krapfen eine längliche Vertiefung eindrücken.

Backofen auf 200 °C, Gas Stufe 3 vorheizen und Husarenkrapfen auf mittlerer Einschubhöhe 12–15 Minuten backen.

Nach dem Auskühlen mit Puderzucker bestäuben und füllen. Hierfür die Aprikosenmarmelade mit dem Apricot Brandy erwärmen, glattrühren und durch ein Sieb streichen. Johannisbeergelee getrennt erwärmen und ebenfalls glattrühren. Füllungen in zwei Spritzbeutel mit einer dünnen Lochtülle einfüllen.

Runde Plätzchen mit Johannisbeergelee füllen, die ovalen mit der Aprikosenmarmelade.

Bevor die Krapfen weggepackt werden, muß die Fruchtfüllung etwa zwei Tage trocknen.

HASELNUSSMAKRONEN

Zutaten für etwa 50 Stück:
5 Eiweiß
500 g Zucker
500 g feingeriebene Haselnüsse
1 Päckchen Vanillinzucker
1 TL Zitronensaft
Für die Glasur:
1 Eiweiß
150–200 g Puderzucker
Zum Garnieren:
ganze Haselnüsse
Für das Blech:
Butter
Backtemperatur: vorheizen auf 130–150 °C,
Gas Stufe 1

Das Backen von Haselnußmakronen ist eine gute Gelegenheit, schon vorhandenes Eiweiß zu verwerten. Haselnußmakronen sind Kraftnahrung, richtig nahrhaft beim Reisen, beim Wandern oder Skifahren.

Eiweiß mit dem Handrührgerät steifschlagen. Zucker dazugeben und rühren, bis eine dichte Schaummasse entsteht.

Haselnüsse, Vanillinzucker und Zitronensaft unterziehen.

Backblech buttern oder mit Backtrennpapier auslegen. Mit zwei feuchten Teelöffeln kleine Teighäufchen auf das Backblech setzen und einige Stunden trocknen lassen.

Eiweiß für die Glasur locker schlagen und mit Puderzucker zu einer festen Glasur verrühren.

Mit einem Kochlöffelstiel in die Mitte jeder Makrone eine Vertiefung drücken.

Mit einem Teelöffel etwas Eiweißglasur in die Mulde füllen und mit einer Haselnuß krönen.

Backofen auf 130–150 °C, Gas Stufe 1 vorheizen und Haselnußmakronen auf der mittleren Leiste 15–20 Minuten backen.

ANISPLÄTZCHEN
UND
WEINBACKES

Zutaten für etwa 120 Anisplätzchen:
5 Eier
300 g Zucker
1 Messerspitze Salz
3 TL Aniskörner
1 Messerspitze gemahlener Anis
300 g Mehl
Für das Blech:
Butter und Mehl
Backtemperatur: vorheizen auf 150 °C,
Gas Stufe 1

Im Wasserbad Eier, Zucker und Salz mit dem Schneebesen oder Rührgerät schlagen, bis die Masse etwa 40 °C erreicht hat.

Schüssel aus dem Wasserbad nehmen und die Ei-Zucker-Masse schlagen, bis sie sich abgekühlt hat.

Anis und Mehl behutsam unterheben und den Teig in einen Spritzbeutel mit Lochtülle geben.

Auf ein gebuttertes und bemehltes Backblech haselnußgroße Tupfer spritzen, dabei auf ausreichenden Abstand achten.

Anisplätzchen über Nacht antrocknen lassen, damit sich beim Backen das typische Füßchen bilden kann.

Backofen auf 150 °C, Gas Stufe 1 vorheizen und auf der mittleren Einschubleiste 10 Minuten sehr hell backen.

Zutaten für etwa 70 Weinbackes:
3 EL saurer Rahm
3 EL Zucker
3 EL Weißwein
2 EL guter Branntwein
3 Eigelb
Mehl
Butter
Zum Bestreichen: Eiweiß
Zum Bestreuen: Zucker
Backtemperatur: vorheizen auf 225 °C,
Gas Stufe 4

Sauerrahm, Zucker, Weißwein, Branntwein und Eigelb miteinander verrühren. So viel Mehl einarbeiten, bis der Teig eine feste Konsistenz hat, und kräftig durchkneten.

Teig wiegen und die Hälfte seines Gewichtes an Butter zugeben. Nochmals durchkneten und über Nacht kaltstellen.

Am anderen Tag ausrollen und mit verschiedenen Formen ausstechen.

Eiweiß zu Schnee schlagen. Plätzchen damit bestreichen und mit Zucker bestreuen.

Backblech mit Backtrennpapier auslegen. Backofen auf 225 °C, Gas Stufe 4 vorheizen und auf der mittleren Leiste etwa 10–15 Minuten goldgelb backen.

Weinbackes schmeckt ausgezeichnet zu einem Glas Riesling oder einer vollmundigen Spätlese.

SCHOKOLADENWURST

Zutaten für 1 Wurst:
1 Ei
140 g Puderzucker
140 g geriebene Nüsse
50 g gewürfeltes Zitronat
80 g geriebene Schokolade
1 cl Grand Marnier
Zum Wälzen:
Zucker oder Kakaopulver

Der zarte Schmelz der Schokolade mit einem Hauch Orangenlikör ist eine echte Überraschung, und nicht nur der unerwarteten Wurstform wegen. Reizvoll verpackt, wird daraus ein besonderes Geschenk für Freunde, die sich an „Pralinen am Stück" erfreuen.

Alle Zutaten miteinander verkneten.
Ein Arbeitsbrett mit Zucker oder Kakao bestreuen und die Masse darauf zur Wurst rollen.
Die Schokoladenwurst in Pergamentpapier einwickeln und in den Kühlschrank legen.
Nach 2 Tagen in Scheiben schneiden.

ELISENLEBKUCHEN

Zutaten für etwa 25 Stück:

Eier
350 g Zucker
200 g gemahlene Mandeln
150 g gemahlene Haselnüsse
100 g Mehl
50 g feingewürfeltes Orangeat
50 g feingewürfeltes Zitronat
2 TL gemahlener Zimt
1/4 TL gemahlener Kardamom
je 1 Messerspitze gemahlene Nelken, Piment und Ingwer
runde Oblaten (8 cm Durchmesser)
Zum Verzieren: Mandelhälften
Zitronatstreifen
Zum Glasieren: 100 g Zucker
1 EL Zitronensaft
2 EL Rotwein
Backtemperatur: vorheizen auf 180 °C,
Gas Stufe 2

In der römischen Kaiserzeit entstanden aus orientalischen und griechischen Rezepten die Honiglebkuchen. Durch die seit 529 bestehenden Klöster wurde dieses Gebäck ins Mittelalter tradiert.

Die „Lebküchner" oder „Lebzelter" übernahmen diese Kunst und wurden bald eine eigene Zunft. Sie arbeiteten bevorzugt in Städten, wo sich wichtige Handelsstraßen kreuzten, genau dort, wo orientalische Gewürze gehandelt wurden. Sie ließen sich auch gerne an Wallfahrtsorten nieder, wo die lange Reise der Pilger mit den köstlichen Kuchen belohnt wurde.

Eier und Zucker in eine Schüssel geben und im gut handwarmen Wasserbad schaumig rühren. Dabei soll die Temperatur 45 °C nicht übersteigen. Schüssel herausnehmen und die Masse bis zum Abkühlen weiterschlagen.

Mandeln, Haselnüsse, Mehl, Orangeat, Zitronat und die Gewürze miteinander vermischen und unter den Ei-Zucker-Schaum ziehen.

Auf jede Oblate einen Löffel Teig geben und mit einem Messer nach außen hin abfallend glattstreichen. Das Messer zwischendurch immer wieder in kaltes Wasser tauchen, damit der Teig nicht hängen bleibt.

Lebkuchen mit Mandelhälften und Zitronatstreifen garnieren und über Nacht zum Trocknen stehenlassen.

Am nächsten Tag Backofen auf 180 °C, Gas Stufe 2 vorheizen und auf der mittleren Schiebeleiste so backen, daß sie oben knusprig und unten noch weich sind.

Während die Lebkuchen backen, Zucker, Zitronensaft und Rotwein in einem Topf mischen, bei geringer Hitze einmal aufkochen und die noch heißen Lebkuchen dünn damit glasieren.

ALPHABETISCHES REGISTER

REGISTER NACH GRUPPEN

MÜRBETEIGE

STOLLEN UND BROTE

MAKRONEN

RÜHRTEIGE

KONFEKT UND NASCHEREIEN

Bildquellen

Erhard Hehl: 8

IFA/Selma: 4

Sirius Bildarchiv/Hans Joachim Döbbelin: 6, 9–107

Zefa/Hackenberg: 2

Sigloch Edition & Co, Lettenstrasse 3, CH-6343 Rotkreuz/Zug
Verlagsleitung: Hans Kalis

Redaktion und Herstellung: Sonja Reichert und Michael Sanny, Sigloch Edition, Künzelsau
Reproduktion: Repro-Technik Ruit, Ostfildern
Satz: Setzerei Lihs, Ludwigsburg
Druck: Graphische Betriebe Eberl, Immenstadt
Papier: 135 g/qm BVS der Papierfabrik Scheufelen, Lenningen
Bindearbeiten: Sigloch Buchbinderei, Künzelsau
ISBN 3 89393 032 9